LA POLITIQUE
ÇA MARCHE COMMENT ?

ERPI

DK

Un livre Dorling Kindersley
www.dk.com

Édition originale parue sous le titre *Who's in charge?*
Copyright © 2010 Dorling Kindersley Limited, Londres

Édition Mary Ling, Bridget Giles, Alexander Cox,
Deborah Lock, Fleur Star, Anneka Wahlhaus
Maquette Martin Wilson, Jane Bull, Claire Patane,
Karen Hood, Hedi Hunter, Sonia Moore,
Sadie Thomas, Lauren Rosier
Recherche iconographique Rob Nunn
Consultant Julius Sen

Édition française :
Copyright © 2011 NATHAN, Paris, France

Traduction-adaptation Jean-Bernard Gouillier
Édition Véronique Herbold, Mathilde Bonte-Joseph
Réalisation Philippe Brunet / PHB

Édition française au Canada :
Copyright © 2011 ERPI

ERPi

5757, rue Cypihot, Saint-Laurent
(Québec) Canada H4S 1R3

Dépôt légal – Bibliothèque et Archives nationales du Québec, 2011
Dépôt légal – Bibliothèque et Archives Canada, 2011
ISBN 978-2-7613-4026-7
K 40267

Imprimé en Chine

Édition vendue exclusivement au Canada

" Nous, les humains, comme nous vivons en société, nous avons besoin de règles communes et donc de quelqu'un pour les fixer. Tu te rends facilement compte que les règles sont nombreuses et que tu dois comme nous tous les respecter, qu'il s'agisse de ton emploi du temps scolaire, de ta carte d'identité à présenter à l'aéroport, des piétons à laisser passer au feu rouge quand tu es à vélo…

Voilà pourquoi la politique, c'est-à-dire d'abord la manière dont est organisé et dirigé ton pays, te concerne dans ta vie de tous les jours. Ce livre t'explique en quoi elle consiste.

Qui dirige et comment ? À la maison, ce sont tes parents qui fixent les règles ; au collège et au lycée, ce sont les professeurs ; à la tête d'un gouvernement et des partis, ce sont des hommes politiques.

Comment sont désignés les responsables chargés de créer les lois ou de les faire appliquer ? Tous les habitants de la planète ont-ils les mêmes droits ? Pourquoi existe-t-il des différences d'un pays à l'autre ? Peut-on changer les lois ?

En politique, tous doivent pouvoir exprimer leurs idées et se faire entendre. N'aie pas peur de donner ton opinion et tu agiras ainsi en citoyen responsable, qui s'intéresse au fonctionnement des institutions de son pays.

Les enfants et les adolescents s'impliquent de plus en plus dans la vie politique, en participant aux conseils de la jeunesse par exemple. Parmi eux se trouvent les futurs dirigeants ; ce qui est certain, c'est que le monde dans lequel tu vivras sera celui que tu auras contribué à construire. "

ANDREW MARR

SOMMAIRE

 Prendre le POUVOIR

 Qui DIRIGE?

 Grandes IDÉES politiques

 La politique et NOUS

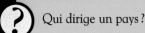

Qui dirige un pays?

L'idée de gouvernement existe depuis que quelqu'un a dit : *« Suivez-moi ! »* Certains **chefs de tribu** ont commandé des groupes de **centaines** de

Diriger quoi ?

Ce livre décrit les *systèmes politiques* et explique comment sont désignés les dirigeants.

Qui a eu cette *idée* ?

Du *droit divin* des rois à la *démocratie* ou à l'*anarchie*, les systèmes politiques ont façonné le **monde**.

De quelles idées s'inspirent ceux qui prennent les **décisions ?**

Sais-tu ce qui oppose **Marx** à **Aristote** ?

Comment *peux-tu* agir, **TOI** ?

personnes. Mais aujourd'hui, les décisions d'un président et d'un Premier ministre s'imposent à des *milliards* d'individus. Alors si nous devons nous poser une question, c'est bien celle-là : **qui mène la danse ?** Car la réponse à cette question peut *changer le monde*.

Comment les dirigeants restent-ils au pouvoir ?

Comment puis-je jouer un *rôle* ?

Pour obtenir le soutien du peuple, il faut beaucoup de *charisme,* beaucoup d'**habileté** et **un peu de chance**.

Les dirigeants ne maîtrisent pas toujours tout. Toi aussi, tu peux agir en politique.

Nous chercherons à comprendre comment les dirigeants conservent le pouvoir et comment les médias peuvent être un soutien ou un obstacle pour eux.

Découvre ce que la politique peut t'apporter. Apprends à connaître tes droits et implique-toi.

Si tu veux *changer* quelque chose, ce livre t'explique comment ! Découvre comment faire entendre **TA VOIX,** quel que soit ton âge.

PRENDRE *le pouvoir*

QUI DIT
NOUVELLE TERRE...
DIT NOUVEAU
MONDE !

Les
puissants
survivront !

Qu'est-ce que la politique ?
Comment est-elle née ?
Comment sommes-nous
arrivés à la politique
moderne ?

La politique a évolué avec l'être
humain. Elle s'est transformée
au rythme des découvertes
et des inventions qui ont changé
la société.

*Découvre comment la naissance
de l'agriculture, la découverte
de nouvelles civilisations,
la révolution industrielle...
ont bouleversé la politique
et modelé le monde dans lequel
nous vivons aujourd'hui.*

Faut-il que **quelqu'un** *dirige?*

IMAGINE *qu'avec tes amis, vous soyez échoués* sur une île déserte. Amusant, non? Oui, sûrement au début, mais SANS gouvernement ni lois pour dire ce que l'on peut faire et quand, la situation deviendrait vite *insupportable.*

Sur une île déserte, quelque part sous les tropiques

Quelque temps après

Voici ce qui pourrait arriver.

Quelques survivants organisent une fête...

... et les disputes à propos des priorités commencent.

Un peu plus tard

Encore plus tard

... et chacun veut imposer sa loi.

Au bout de quelques jours de canicule,

L'ÉTAT DE NATURE

Sans une forme de gouvernement chargé de faire appliquer les lois et régler les conflits, la vie serait difficile. Le philosophe anglais Thomas Hobbes l'écrivit dans son livre *Léviathan*. Il avançait que dans une société sans lois – ce qu'il appelait un « état de nature » – tout le monde pourrait tout faire. Mais, loin de nous rendre heureux, cela entraînerait des conflits permanents. Une telle vie serait « solitaire, médiocre, triste, pénible, brutale et brève » – pas très tentant !

**THOMAS HOBBES
1588-1679**

Sans personne pour diriger, nous serions bientôt tous victimes d'une terrible GUERRE DE TOUS CONTRE TOUS.

Cette nuit-là

Laisse-nous entrer !

Non, vous ne m'avez pas aidé à le construire.

Nous promettons de t'aider à l'avenir.

On a froid et on est fatigués. Et il commence à pleuvoir.

Personne n'est d'accord avec personne.

Le lendemain

Merci pour les cannes à pêche.

Les petits poissons sont pour vous, les gros pour moi.

Pourquoi deux parts inégales ?

Ce n'est pas juste !

Chacun pense d'abord à lui...

Cette nuit-là

Nous devrions peut-être partager !

J'ai plus soif que vous tous.

Nous avons besoin de règles pour survivre.

Je veux bien diriger !

Nous devons établir des règles pour tout partager.

Nous devons prendre les décisions ensemble.

c'est la même galère pour tous.

Et finalement, tous s'assoient pour décider qui doit diriger.

Avant *de commencer…*

Le monde de la **politique** regorge de mots et de définitions complexes. Analyser le *vocabulaire* élémentaire s'impose pour te faire comprendre qui dirige.

Qu'est-ce que…	*Qu'est-ce qu'un…*	*Qu'est-ce que le…*
l'État ?	citoyen ?	gouvernement ?

C'est le (ou les) territoire(s) sous le contrôle d'un même gouvernement. En général, l'État couvre la même superficie que le pays et il inclut les dirigeants, les entreprises et tous les habitants.

Toute personne née dans un pays et qui en accepte les lois est un citoyen de ce pays. Il peut y travailler, s'y déplacer librement, exprimer ses opinions par le vote et se faire élire par les autres citoyens pour les représenter.

C'est l'organe qui dirige un État. Il est constitué de ministres qui décident ce qui peut et ce qui ne doit pas se passer dans le pays. Il existe différents types de gouvernements que nous examinerons plus loin dans ce livre.

Le mot **POLITIQUE** vient du **grec *politikos*,**

Juste ou non ?

La politique concerne les idées, les opinions et les besoins des individus. Ce qui peut aider certaines personnes peut être un obstacle pour d'autres. Nous n'allons pas te dire ce qui est bien ou non, car chaque situation est particulière. Nous allons présenter les bases d'un gouvernement et de la politique. Sans oublier de sourire !

Ma méthode aidera un plus grand nombre de personnes.

Mais la mienne aidera ceux qui en ont le plus besoin.

Qu'est-ce qu'un… politicien ?

C'est une personne qui a un rôle politique. Elle soutient le gouvernement ou le critique et son travail est de proposer des solutions pour régler les problèmes auxquels l'État est confronté. Les politiciens sont soit élus soit nommés.

Si un mot finit par… ~archie

… ou -cratie, il qualifie un mode de gouvernement. Tu trouveras dans ce livre beaucoup de mots se terminant ainsi. Tu connais peut-être déjà monarchie et démocratie : ils sont expliqués dans le chapitre 2.

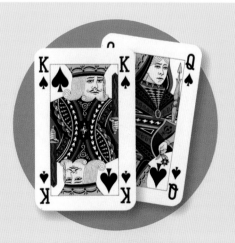

Si un mot finit par… ~isme

C'est un nom donné à un ensemble défini d'idées politiques. Ils sont tous expliqués dans le chapitre 3. Tu connais peut-être déjà capitalisme et communisme.

---

qui signifie *étude des affaires de la cité.*

RESTER ou *partir*?

Au cours des millions d'années d'évolution de l'humanité, de nombreux événements clés ont jeté les bases de la politique que nous connaissons aujourd'hui. Les hommes des cavernes faisaient-ils de la politique? Oui. Nos ancêtres, en Afrique, ont apporté les premières solutions politiques.

> **SOMMES-NOUS ARRIVÉS ?**

SÉDENTARISATION

Trouver de la nourriture était difficile, alors les hommes décidèrent de se sédentariser. Avec l'invention de l'agriculture, les premiers villages se fixèrent en un lieu et les chefs durent régler de nouveaux problèmes.

IL Y A 4,5 MILLIONS D'ANNÉES

10000 AV. J.-C.

6000 AV. J.-C.

PISTER LE GIBIER

La politique, c'est résoudre les problèmes, et nos ancêtres en avaient un de taille : survivre! Chasseurs-cueilleurs, ils se déplaçaient sans cesse pour trouver de quoi manger. Il fallait un bon chef car toute mauvaise décision pouvait être fatale.

UN ROI EST NÉ

Avec l'agrandissement des villages, les problèmes devinrent aussi plus importants, nécessitant de nouveaux genres de chef ou de gouvernement. **L'empire sumérien** (sud de l'Irak) montra la voie. Appelé berceau de la civilisation, il fut organisé en de nombreuses villes-États, chacune dirigée par un roi-prêtre. Ce fut la première monarchie.

SYMBOLES DU POUVOIR

Une fois au pouvoir, le problème était d'y rester. Le premier pharaon d'Égypte, Narmer, s'assura que son fils hériterait de sa fonction en déclarant que tous les rois étaient des dieux vivants. Les pharaons d'Égypte firent bâtir d'immenses monuments, comme le Sphinx et les pyramides, pour affirmer leur pouvoir et leur autorité sur le peuple et dissuader les envahisseurs.

> SEULS LES PUISSANTS POUVAIENT BÂTIR DE TELLES MERVEILLES !

2500 AV. J.-C.   1700 AV. J.-C.

PROBLÈME DE FRONTIÈRE

Qui dit grands États dit grandes frontières. Le premier conflit connu portant sur une frontière opposa les deux villes-États sumériennes d'Umm et de Lagash. Le roi-prêtre de la ville de Kish indiqua ce qu'il considérait comme la nouvelle frontière avec un poteau marquant sa décision. Mais le roi-prêtre d'Umm, mécontent, le détruisit.

RÉCOMPENSER LE TALENT

La monarchie n'était pas le seul type de gouvernement. Les Minoens (en Crète) confiaient les responsabilités les plus importantes aux meilleurs commerçants. Ce type de gouvernement s'appuie sur une élite, une aristocratie.

VENDU

Étendre l'influence

Les hommes s'installèrent partout dans le monde. Mais cela ne veut pas dire qu'ils étaient tous contents de leur sort. Le développement des civilisations et la quête du pouvoir donnèrent naissance aux empires et à de nouvelles façons de gouverner.

VOTEZ ICI !

LA DÉMOCRATIE EST NÉE.

Vers 505 av. J.-C., Clisthène créa la première démocratie dans la cité-État grecque d'Athènes, qui dura cent ans. Tout homme libre avait le droit de vote.

640 AV. J.-C. 509 AV. J.-C. 505

SAIS-TU QUI JE SUIS ?

RICHESSE ET POUVOIR

La richesse est un signe de puissance. En 640 av. J.-C., le roi de Lydie (Turquie), appliquant ce principe, fit frapper les premières pièces de monnaie dans un mélange d'or et d'argent.

LE SÉNAT

Les luttes pour le pouvoir se déroulaient dans toute l'Europe. En 509 av. J.-C., la ville-État de Rome renversa le roi Tarquin le Superbe et devint une république. Le sénat, qui détenait le pouvoir, organisa des élections annuelles pour désigner deux consuls. Ceux-ci faisaient les lois, tenaient lieu de juges et dirigeaient la grande armée romaine.

UN GRAND EMPIRE

Conquérir des territoires permettait d'accroître sa puissance. Le chef de guerre macédonien Alexandre le Grand mena son armée jusqu'en Afrique, puis en Inde en traversant la Perse. Ce premier grand empire dura peu longtemps : Alexandre mourut à 32 ans.

COMPTOIRS COMMERCIAUX

Guerres et conquêtes étaient le moyen d'étendre son pouvoir. Vers 100 av. J.-C., les navires marchands indiens assurèrent la domination de l'Inde sur les îles de l'Asie du Sud-Est.

C'EST MOI QUI GOUVERNE !

QUI EST LE PLUS GRAND ?

Alexandre le Grand (356-323 av. J.-C.)

Jules César (100-44 av. J.-C.)

36 AV. J.-C.   165 AV. J.-C.   100   46 AV. J.-C.

LA TAILLE COMPTE

Plus l'État est grand, plus il est difficile à diriger. Les Chinois commencèrent à former les érudits qui allaient les aider. Ce fut la naissance de ce qui deviendra la fonction publique.

DICTATEUR À VIE

Le problème avec le pouvoir, c'est que les autres le veulent aussi ! Rome avait étendu son influence tout autour de la Méditerranée et son dirigeant, Jules César, venait de conquérir la Gaule (France). Mais l'ambition de César, encouragée par ses victoires militaires, suscitait des jalousies. De retour à Rome, il se proclama dictateur à vie, mais il fut assassiné un mois plus tard.

SORTIE

Lutte pour le *POUVOIR*

Les empires s'agrandissaient et leurs habitants constataient que la vie était toujours aussi dure. Les souverains durent alors affronter la colère des paysans mécontents.

CETTE TERRE SERA À TOI SI TU ACCEPTES DE M'OBÉIR !

MERCI, MON ROI !

DES RÈGLES ÉCRITES

Les souverains distribuèrent des terres pour garder leur place. En 1215, les barons anglais forcèrent le roi Jean sans Terre à renoncer aussi à certains de ses pouvoirs. En signant la Grande Charte, il accepta qu'aucun homme libre ne soit condamné ni qu'aucun impôt ne soit levé sans l'accord du Grand Conseil.

850 APR. J.-C.   1198   1215

TERRE ET LOYAUTÉ

Les souverains devaient s'assurer de la loyauté de leurs sujets. À partir de 850, les rois francs (France et Europe occidentale) achetèrent la loyauté de la noblesse en lui donnant des terres à diriger. Ce fut le début de la féodalité, qui laissait le pouvoir à un monarque faible tout en asservissant les paysans et en créant une société de classes.

RÉGNER SUR LE MONDE

La terre n'était pas le seul moyen de conserver le pouvoir : la religion servait aussi à contrôler le peuple. L'Église catholique étendit son influence dans le monde. En 1198, Lotario dei Conti di Segni devint pape sous le nom d'Innocent III. Il était si influent qu'il pouvait choisir les chefs des États catholiques en Europe et écarter ceux qui lui désobéissaient. Il lança l'Inquisition contre les ennemis de l'Église et organisa la « guerre sainte » contre l'Islam. Méritait-il vraiment son nom d'« Innocent » ?

Pape Innocent III (1160-1216)

RÉVOLTES PAYSANNES

Malgré la distribution de terres et des droits accrus, des inégalités subsistaient et la pauvreté sévissait. Lorsque le roi anglais Richard II leva un nouvel impôt, les paysans, menés par Wat Tyler, protestèrent en masse à Londres. Dans toute l'Europe, les paysans se soulevèrent contre la tyrannie des souverains.

Wat Tyler
(mort en 1381)

GARE À LA TÊTE!

En 1789, le roi de France Louis XVI fut renversé par la Révolution avant d'être guillotiné en 1793. Le pays, menacé par les armées étrangères, connut ensuite la Terreur, qui fit plusieurs dizaines de milliers de victimes. Mais les idéaux de la Révolution française influencèrent le monde entier.

1381 1492 1789

L'ÉPOQUE DES EMPIRES

Le Moyen Âge fut marqué par des révoltes paysannes en Europe, mais aussi par les progrès de la marine. Cela permit aux souverains d'étendre leur pouvoir sur des territoires étrangers. En 1492, Christophe Colomb découvrit le Nouveau Monde (l'Amérique du Nord) au nom de l'Espagne. Les habitants d'origine, constituant les civilisations indiennes, succombèrent sous la puissance de feu espagnole. Ce fut le début de la colonisation. La France, l'Angleterre et les Pays-Bas bâtirent également des empires à l'étranger.

Christophe Colomb (1451-1506)

19

En AVANT toute!

La France a prouvé que des changements politiques pouvaient naître d'une révolution. Mais la plus importante de toutes les révolutions est peut-être celle provoquée par les machines.

LES NATIONS UNIES

Après les ravages des deux guerres mondiales, les dirigeants du monde libre décidèrent en 1945 qu'il serait mieux d'essayer de s'entendre. Pour mener à bien cette tâche difficile, ils créèrent l'organisation des Nations unies.

LA RÉVOLUTION INDUSTRIELLE

L'invention de la machine à vapeur bouleversa la politique dans le monde. Car la révolution industrielle du XIXᵉ siècle ne permit pas seulement de produire plus et plus vite – elle mit surtout fin définitivement à l'Ancien Régime. Défendus par les syndicats, les ouvriers obtinrent des congés au cours desquels ils purent se reposer. L'instauration du suffrage universel donna la même voix à chacun.

XIXᵉ SIÈCLE — QUE LES DICTATEURS LÈVENT LA MAIN! — **1936-1939** — **1945** — **1947**

LE JOUG DE L'EXTRÉMISME

La guerre civile espagnole (1936-1939), qui opposa le gouvernement républicain aux insurgés conduits par le général Franco et fit plus d'un demi-million de victimes, fut l'occasion, pour les régimes fascistes d'Allemagne et d'Italie, de tester leurs nouvelles machines de guerre. Après avoir écrasé les républicains, Franco établit une dictature personnelle qui ne prit fin qu'à sa mort, en 1975.

Général Franco
(1892-1975)

L'INDÉPENDANCE

En 1947, Mahatma Gandhi lutta pour l'indépendance de l'Inde vis-à-vis de l'Empire britannique. Par le pacifisme, il montra que le peuple pouvait s'opposer à la force militaire. Mais la passation du pouvoir ne se fit pas sans violence. Les conflits entre musulmans et hindous entraînèrent la création de l'État musulman du Pakistan, qui se sépara de l'Inde hindoue.

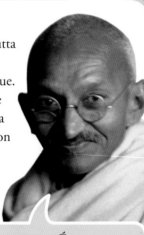

De nouveaux États sont nés de l'éclatement de l'Union soviétique, de la Yougoslavie et de la Tchécoslovaquie.

Mahatma Gandhi (1869-1948)

L'ÉGALITÉ REPREND SES DROITS

En Afrique, le xxᵉ siècle fut synonyme de troubles, de guerres et de révolutions. En 1948, le gouvernement d'Afrique du Sud imposa un régime de ségrégation raciale appelé apartheid. Pendant cinquante ans, les habitants furent regroupés selon la couleur de leur peau. Seuls les Blancs se partageaient le pouvoir tandis que les Noirs étaient traités comme une classe inférieure. Il fallut des décennies de résistance pour que l'apartheid soit enfin aboli. Les élections démocratiques de 1994 furent remportées par le Congrès national africain de Nelson Mandela, qui devint le premier président noir du pays.

Nelson Mandela
(né en 1918)

1950-1991   1994   années 2000

LA GUERRE FROIDE

Après deux guerres mondiales, la politique internationale fut confrontée à un nouveau problème : les superpuissances et leurs armes nucléaires. Les États-Unis capitalistes s'opposaient à l'Union soviétique communiste. Chacun pointait ses missiles vers l'autre dans une impasse politique appelée guerre froide, plongeant le monde dans la crainte d'un holocauste nucléaire. Le conflit atteignit son paroxysme en 1962 lors de la crise des missiles de Cuba. La guerre froide cessa en 1991 avec la chute de l'URSS communiste.

FORUM MONDIAL

Deux cents ans après la révolution industrielle, nous sommes au cœur de la révolution informatique. Internet couvre tous les continents et les citoyens peuvent maintenant interagir à l'échelle mondiale. Grâce aux blogs et aux réseaux sociaux, il est possible à chacun de commenter la politique de tous les États du monde. La démocratie n'a pas encore complètement intégré la technologie informatique, qui n'est pas exempt de dangers, mais celle-ci ne saurait pourtant tarder à devenir un élément clé dans la vie politique.

21

QUI DIRIGE ?

Qui fixe les règles chez toi ?
Et à l'école ?
Et dans l'équipe de foot ?

Dans un État aussi, quelqu'un fixe
les règles et prend les décisions
au nom du peuple.

Mais quel genre de chef
y a-t-il à la tête de l'État ?
Comment est formé
le gouvernement ? Comment
le président et le Premier
ministre se partagent-ils
le pouvoir ?

*Qui exerce vraiment le pouvoir
dans le pays – et qui a désigné
ces personnes ?*

Je voulais juste
connaître
le pilote !

Un chef
se reconnaît
à son autorité.

À moi

Roi ou reine, *Premier ministre* ou *président...* Chaque ÉTAT a un CHEF.

TELLE EST MA VOLONTÉ !

Les souverains imposaient des règles ou règlements de toutes sortes à leurs sujets. Ces règles pouvaient concerner :

La quantité de nourriture

Les souverains désignaient les terres cultivables et décidaient avec qui l'État ferait du commerce.

La justice

Les souverains fixaient les lois et décidaient des châtiments contre ceux qui désobéissaient.

L'éducation

Les souverains pouvaient décider que les filles n'iraient pas à l'école ou que certains métiers seraient interdits.

SOUVERAINETÉ

La souveraineté désigne le pouvoir d'établir des règles et de diriger l'État. Le souverain fait les lois et attend du peuple qu'il les respecte. Autrefois, les rois et reines d'Europe exerçaient un pouvoir suprême sur leurs sujets. Toute loi faite par un roi devait être respectée par le peuple – et le roi avait le pouvoir de s'en assurer. Aujourd'hui, lorsque nous élisons des parlementaires, nous leur donnons le pouvoir souverain de prendre des décisions en notre nom.

CALIGULA (12-41)

Comme empereur romain, j'aurais pu nommer mon cheval consul (juste pour plaisanter !). Mais je lui ai offert des esclaves.

États souverains

La souveraineté n'est pas uniquement le pouvoir d'un dirigeant sur son peuple – elle concerne également la place de l'État dans le monde. C'est important en matière de commerce international. Un État est souverain lorsqu'il n'est pas sous le contrôle d'une autre puissance (même si elle contrôle d'autres territoires).

France

Martinique

La France exerce une souveraineté sur la Martinique depuis 1658 – même si ce territoire est à des milliers de kilomètres.

le *POUVOIR!*

Le chef de l'État était souvent appelé le **SOUVERAIN**. Il s'agissait alors d'une **seule** personne détenant tous les *pouvoirs*. Aujourd'hui, dans de nombreux pays, la souveraineté est aux mains d'un groupe de personnes – le *parlement*.

LA TERRE, C'EST LE POUVOIR

Dans l'Europe du Moyen Âge, le pouvoir reposait sur la possession des terres. Les seigneurs commandaient tous ceux qui vivaient sur leurs domaines et les protégeaient des envahisseurs. En échange, les paysans procuraient aux seigneurs leur nourriture et tout ce qui était nécessaire à l'entretien des châteaux, des domaines et des armées. Les monarques obtenaient de nouvelles terres en épousant un membre d'une autre famille royale et en regroupant des royaumes ou encore en envahissant d'autres pays. Les explorateurs revendiquaient également des terres au nom de leur souverain.

Défier la souveraineté

Tout le monde n'est pas d'accord sur la souveraineté de certains territoires. Des pays ont fait la guerre pour cela. Par exemple, en 1982, l'Argentine a tenté de s'emparer des îles Malouines occupées par le Royaume-Uni.

SOLIMAN LE MAGNIFIQUE (1494-1566)

Je suis le sultan, chef de tout ce territoire. La taille de mon turban vous indique ma puissance.

SOUVENIRS de l'**Empire ottoman**

Europe

J'étais là.

Mer Noire

Mer Méditerranée

Afrique du Nord

Moyen-Orient

Un empire est un ensemble de territoires couvrant une grande superficie et dirigé par une seule personne. L'**Empire ottoman** dura plus de 600 ans, de 1299 à 1622, sous la souveraineté de 36 sultans.

EMPIRE OTTOMAN

Afrique

PREMIÈRES TRIBUS

Les premières tribus vivaient il y a des millions d'années.

Loyauté envers le chef

Les tribus se composaient souvent de familles proches vivant et travaillant ensemble. Ce mode de vie fonctionnait grâce à la loyauté réciproque et au respect du chef. Les membres savaient que le chef défendait leurs intérêts et il n'y avait aucune raison de contester ses décisions. La taille réduite des tribus contribuait également au succès du gouvernement tribal. Plus il y a de personnes, plus la loyauté est difficile à préserver.

> Je suis un chef sage et fort. Ma tribu est grande mais les liens de parenté s'affaiblissent.

> Ma tribu est petite, mais nous sommes tous loyaux les uns envers les autres.

HALTE !
Obéissez !

Marcus Levings, président des Trois Tribus Affiliées

JE GOUVERNE !

Les principales responsabilités d'un chef tribal étaient de défendre sa tribu en cas de guerre et d'assurer la paix et le commerce avec les tribus voisines. Les chefs faisaient les lois et prenaient les décisions. Certains étaient choisis pour leur sagesse ou leur force, d'autres pour leur âge et leur expérience, d'autres encore parce qu'ils appartenaient à la famille dirigeante.

Le droit du pays

Les frontières des pays modernes ont absorbé les anciens territoires tribaux. Si les chefs tribaux peuvent continuer à prendre des décisions, ils doivent obéir aux lois du pays. Par exemple, les tribus indiennes des États-Unis sont autorisées à s'autogouverner, mais comme tous les autres citoyens, leurs membres doivent respecter les lois communes à tous les Américains.

La propriété de la terre est à l'origine

Le système moderne de gouvernement repose sur la notion de **TRIBUS**. Avant que les pays n'aient des frontières définies, les terres étaient *divisées* en **territoires**. Dans chacun vivaient une tribu et un chef tribal qui **fixait les règles. Il n'y avait personne au-dessus de lui.**

DES TRIBUS AUX CLASSES

À l'origine, les tribus étaient nomades : elles se déplaçaient pour rechercher des pâturages ou un climat plus clément. Avec le temps, elles se sédentarisèrent pour se consacrer à l'agriculture. Cela créa des différences de classes entre ceux qui possédaient les terres cultivables, sources de richesse et de pouvoir, et ceux qui en étaient dépourvus.

Le système des classes

Faire partie d'une classe plutôt que d'une autre entraînait autant de conséquences en politique que dans la vie quotidienne. Autrefois, la plupart des dirigeants dans le monde étaient issus d'une aristocratie (d'une élite), comme l'étaient aussi le roi, la reine ou l'empereur. Les parlements, qui supplantèrent dans certains pays les rois, étaient composés de nobles ou de grands bourgeois. Aujourd'hui, beaucoup de pays ont instauré l'égalité des citoyens, qui peuvent tous voter et se faire élire.

DIRIGEANT
Roi
ou empereur

ARISTOCRATIE
Nobles et officiers
supérieurs

CLASSE
MOYENNE
Travailleurs
qualifiés

BASSE CLASSE
Travailleurs
manuels

PYRAMIDE DU POUVOIR

Un monde de classes

De nombreuses civilisations ont connu des systèmes de classes, mais aujourd'hui, les différences sociales se sont réduites.

La féodalité en Europe

Au Moyen Âge, la féodalité reposait sur le pouvoir de faire la guerre. En Europe, les chevaliers étaient des nobles.

La féodalité au Japon

Le Japon médiéval comptait cinq classes de guerriers, mais 90 % de paysans. Les marchands constituaient la plus basse classe.

L'Inde des castes

Fondée en partie sur les enseignements hindous, la caste (ou classe) supérieure était réservée aux chefs religieux.

de la pyramide des CLASSES.

Forme *ton* GOUVERNEMENT !

Un *gouvernement* est un groupe de personnes qui exercent l'AUTORITÉ sur
État. Il existe *différents types* de gouvernement dans le monde. Ils sont constitué
des **MÊMES ÉLÉMENTS DE BASE,** qui peuvent être assemblés de plusieurs façons.

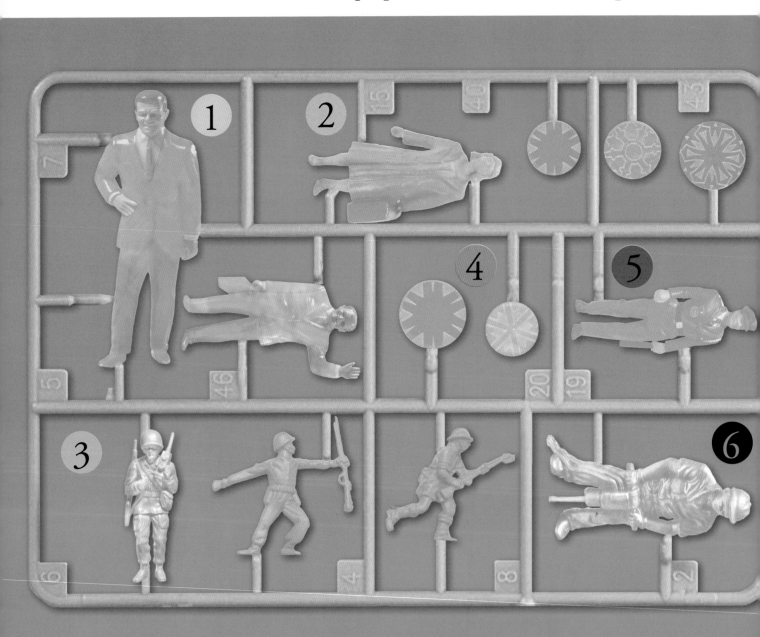

Le cadre qui maintient les pièces ensemble est
la politique du gouvernement : ses *idées* et ses *lois*.

> Si tout dépendait de moi, je m'y prendrais autrement…

La façon dont un gouvernement *dirige* *l'État dépend de son* système politique et de son chef.

> Je gouverne et je prends les décisions importantes.

1 LE CHEF
= *celui qui* dirige *ou* guide

Chaque groupe a besoin d'un chef, qui est responsable de la décision finale. Dans certaines formes de gouvernement, le chef est le président ou bien le Premier ministre, mais les monarques et les dictateurs sont également des chefs.

2 *Les politiciens*
= *professionnels de la* politique

Aucun chef ne peut travailler seul. Un gouvernement se compose d'une équipe de politiciens qui inventent ou changent les lois de l'État. Des experts peuvent les conseiller, mais ils doivent respecter les ordres du chef.

3 L'ARMÉE
= *protège* l'État **et son territoire**

Défendre un État est un travail dangereux mais essentiel afin d'empêcher d'autres puissances de prendre le contrôle du pays. C'est au gouvernement de déterminer où et quand l'armée doit intervenir. Il peut parfois décider d'attaquer d'autres États.

4 *L'argent*
= *fournit les moyens de* gouverner

L'État a besoin d'argent pour fonctionner. Les gouvernements obtiennent cet argent en levant des impôts et l'utilisent pour offrir des services aux citoyens, commercer avec d'autres États et, bien sûr, payer les salaires des fonctionnaires.

5 LA LOI
= *assure* l'ordre

La loi et l'ordre régissent la vie en société. Le travail d'un gouvernement consiste à faire les lois et à s'assurer qu'elles sont appliquées et respectées. C'est le rôle de la police et de la justice, qui maintiennent l'ordre et punissent les contrevenants.

6 *Les services*
= *ce dont les* citoyens ont besoin

La santé (hôpitaux), l'éducation (écoles) et la défense (armée) ne sont que quelques-uns des services qu'un gouvernement offre aux citoyens vivant dans l'État. Le nombre de fonctionnaires nommés par le gouvernement varie selon les pays.

Si *je* GOU

… quel genre de gouvernement choisirais-je ? Ils sont nombreux et chacun repose sur une structure et des idées particulières. La manière dont un gouvernement dirige un pays dépend des **personnes** qui le composent, de son **chef** et des *valeurs* auxquelles il adhère.

TRIBALISME

Nous dirigeons nos tribus depuis longtemps. Nos terres sont au cœur de ce nouveau pays, alors nous devons le gouverner.

THÉOCRATIE

Dieu est le seul maître. Les lois de l'État doivent reposer sur les textes sacrés, que j'interprèterai pour vous.

ARISTOCRATIE

L'élite doit gouverner. Nous sommes la classe supérieure et nous savons ce qui est le mieux.

DÉMOCRATIE

Tout le monde a droit à la parole. Nous élirons le meilleur candidat et il écoutera l'opinion publique.

MONARCHIE

Je suis né pour gouverner. En tant que reine, je ferai ce qu'il y a de mieux pour mon pays. Ensuite, mon fils aîné accédera au trône.

DICTATURE MILITAIRE

Je gouverne. J'ai la puissance de l'armée avec moi, alors vous devez m'obéir.

ANARCHIE

Ni dieu ni maître ! Personne ne me commande. Je n'obéis à personne… sauf parfois à ma mère !

VERNAIS...

Tous les gouvernements peuvent être classés dans deux catégories. Dans une *AUTOCRATIE,* **UNE PERSONNE** ou un **PETIT GROUPE,** souvent autoproclamés, *dirige*. Dans une *DÉMOCRATIE,* les **CITOYENS** peuvent *choisir* leurs gouvernants.

MÉRITOCRATIE
Les dirigeants doivent être choisis selon leur mérite. Les plus talentueux devraient gouverner. Moi, par exemple!

GÉRONTOCRATIE
En tant que personnes âgées, nous avons l'expérience et la sagesse pour gouverner.

STOCHOCRATIE
Mon nom a été tiré au sort, c'est donc à mon tour de gouverner. Le prochain chef sera également choisi par tirage au sort.

PLOUTOCRATIE
Je suis riche. C'est à mes amis et moi de gouverner, car nous savons y faire avec l'argent.

CORPORATOCRATIE
Nous sommes les meilleurs hommes d'affaires. Notre influence et notre puissance nous disposent à gouverner.

TIMOCRATIE
Nous possédons des biens dans ce pays. En servant nos intérêts, nous servirons aussi l'intérêt suprême du pays.

THALASSOCRATIE
Prenons la mer et constituons un empire maritime! Nous gouvernerons en contrôlant les ports et le commerce.

UN pour *tous*,

Le philosophe grec Aristote nous a ***beaucoup*** appris sur la POLITIQUE. Il s'intéressa notamment aux OBJECTIFS des gouvernants : sont-ils au pouvoir pour eux ou travaillent-ils pour ***le bien du peuple ?***

ARISTOTE (384-322 AV. J.-C.)

LE POUVOIR AU PEUPLE ?

Aristote, constatant qu'un pays se compose de « quelques riches » et de « nombreux pauvres », prétendait que la démocratie ne pouvait être la forme de gouvernement idéale, car les pauvres ne défendraient que leurs intérêts particuliers et pas l'intérêt général.

nombre de responsables + *objectifs* =

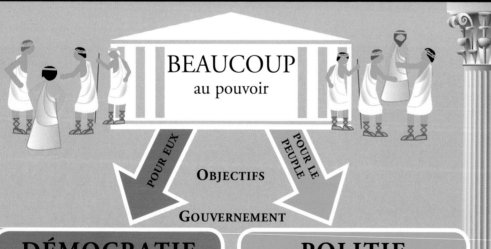

BEAUCOUP au pouvoir

POUR EUX
POUR LE PEUPLE
OBJECTIFS
GOUVERNEMENT

QUI

OBJECTIFS
POUR EUX
GOUVERNEMENT

DÉMOCRATIE

Du grec *demos* qui signifie « peuple ». Pour Aristote, dans une démocratie, les pauvres, plus nombreux que les riches, imposent la volonté de la majorité. L'intérêt général serait le mieux défendu par la classe moyenne.

POLITIE

Du grec *politeia* qui signifie « gouvernement » ou « constitution ». Selon Aristote, la forme idéale de la démocratie devrait tenir la balance égale entre les riches et les pauvres par l'élaboration d'une constitution.

OLIGARCHIE

Du grec *oligos* qui signifie « peu ». Dans une oligarchie, le pouvoir est entre les mains de « quelques riches ». Comme en démocratie, une partie de la société gouverne dans son propre intérêt.

tous pour UN !

UN, QUELQUES-UNS, BEAUCOUP

Aristote regroupa les formes de gouvernement dans trois catégories fondées sur le nombre de personnes au pouvoir, ce qui était aussi le reflet du statut social : « quelques riches » et « beaucoup » de pauvres. ***Mais, quel que soit le groupe au pouvoir, il risquait de s'éloigner des autres.***

LA MEILLEURE SOLUTION

Pour Aristote, la monarchie était la meilleure forme de gouvernement. Une personne intelligente, bonne et servant les intérêts du peuple serait le meilleur chef et législateur. Mais il reconnaissait également que ce genre de personne était rare.

FORME DE GOUVERNEMENT

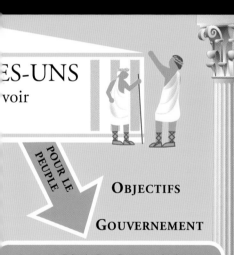

ES-UNS
voir

POUR LE PEUPLE

OBJECTIFS

GOUVERNEMENT

UNE
personne
au pouvoir

POUR LUI

OBJECTIFS

POUR LE PEUPLE

GOUVERNEMENT

ARISTOCRATIE

Du grec *aristos* qui signifie « le meilleur ». Pour Aristote, l'aristocratie est le pouvoir d'une élite sur le peuple. L'aristocratie a souvent désigné la noblesse, mais « le meilleur » peut être aussi le plus érudit.

TYRANNIE

Du grec *tyrannos* qui signifie « maître ». Lorsqu'une personne s'occupe de ses intérêts et non de ceux des citoyens, on parle de tyran. Pour Aristote, c'était la pire forme de gouvernement.

MONARCHIE

Du grec *monos* qui signifie « unique ». À l'époque d'Aristote, toute personne qui dirigeait seule le peuple était un spécialiste monarque. Aujourd'hui, un monarque est à la tête d'un État lorsqu'il hérite de son titre.

Qu'est-ce que

Monarchie, du grec **mono**
signifie « POUVOIR AUX MAIN.

Avant la création des parlements, le monde était constitué de **monarchies** à la tête desquelles se trouvaient des rois et des reines (ou empereurs, pharaons, tsars…). Les monarques jouissaient de pouvoirs illimités : ils menaient les armées au combat, agissaient comme chefs religieux et prélevaient les impôts.

COMMENT DEVENIR MONARQUE

Les secrets de la succession

Tout le monde ne peut pas prétendre être roi ou reine. Les monarques héritent généralement du trône de leurs parents, selon les « règles de la succession ». Lorsqu'un monarque meurt ou abdique, le pouvoir est transmis au prétendant au trône, en principe le fils aîné, même s'il a des sœurs plus âgées. Une famille qui règne sur une longue période est appelée une dynastie.

Héritier légitime

Les dynasties peuvent s'éteindre lorsqu'une famille rivale convoite le trône et que le roi est vaincu au combat. Le nouveau monarque essaie en général de prouver qu'il est l'héritier légitime, allant jusqu'à constituer un nouvel arbre généalogique ou falsifier des documents.

Droit divin

Un moyen d'empêcher les gens de convoiter le trône consistait à invoquer le « droit divin ». Les pharaons de l'ancienne Égypte se considéraient comme des incarnations humaines du dieu Horus. Louis XIV était roi de France « par la grâce de Dieu » et sa personne était sacrée.

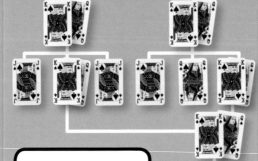

Bien sûr que je suis le vrai roi. Regardez mon arbre généalogique : tous mes ancêtres sont de sang royal !

TU seras le prochain roi !

« La royauté est une des meilleures formes de gouvernement quand le roi dirige dans l'**intérêt** de TOUT le peuple.

la monarchie ?

(seul) et *archos* (dirigeant),
D'UNE SEULE PERSONNE ».

LES MONARCHIES ACTUELLES

Plusieurs pays modernes sont des monarchies constitutionnelles.
Cela signifie que le monarque joue un rôle cérémoniel à la tête
de l'État, mais que le véritable pouvoir appartient aux personnes
élues dans un parlement. Autrefois, les sujets payaient un impôt
au monarque, mais aujourd'hui, la plupart des monarques paient
eux-mêmes des impôts et sont aussi des
citoyens de l'État dont ils sont à la tête.

L'Espagne, la Jordanie,
la Malaisie, la Suède,
la Belgique et le Royaume-
Uni sont des monarchies
constitutionnelles.

Je suis le roi ABSOLU !

Dans une monarchie absolue, tout le pouvoir
politique est détenu par une seule personne.
L'Arabie Saoudite est un exemple moderne
de monarchie absolue où le chef d'État est aussi
le chef du gouvernement. On attribue au roi
Louis XIV, qui régna de 1643 à 1715, cette
formule célèbre : « L'État, c'est moi. »

Abdullah ben Abdelaziz Al Saud,
roi et Premier ministre saoudien.

RÈGNES RECORD

Le plus jeune monarque
fut Marie Iʳᵉ d'Écosse
(1542-1587). Elle n'avait
que six jours lorsqu'elle
hérita de la couronne.

Le roi Bhumibol Adulyadej
de Thaïlande est le roi en
exercice depuis le plus
longtemps. Il accéda au
trône le 9 juin 1946.

… Mais il lui reste du
chemin à faire pour battre
le pharaon Pepi II, qui
régna, dit-on, 90 ans.

Qu'on lui coupe la tête !

Être un monarque n'est pas sans
risque. Peu de gens osent
contredire un roi, mais quand
la rancœur grandit, cela peut
mener à une révolution. Le roi
Louis XVI et la reine Marie-
Antoinette furent guillotinés en
1793, quatre ans après le début
de la Révolution française.

Aargh ! Dois-je en
conclure que vous
ne m'aimez plus ?

Mais lorsqu'il dirige dans *son propre intérêt* et non dans l'intérêt général,
la royauté devient TYRANNIE – et c'est la pire forme de gouvernement
qui soit. » Aristote, 384-322 AV. J.-C.

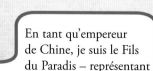

En tant qu'empereur de Chine, je suis le Fils du Paradis – représentant des dieux sur Terre.

Qu'est-ce que

Théocratie, du grec *theo* signifie

Dans une **théocratie**, l'État fonde ses décisions et ses lois sur les CROYANCES et les ÉCRITURES d'une religion. Le chef agit sous la *direction* et l'*autorité* de la religion.

Un pouvoir suprême

Aujourd'hui, les chefs d'État utilisent les institutions politiques pour accéder au pouvoir ou le conserver. Auparavant, la religion était la source du pouvoir de nombreux dirigeants. La foi et la superstition permettaient de légitimer la position du dirigeant, notamment en périodes de crise.

PREMIÈRES VÉNÉRATIONS

Nos premiers ancêtres vénéraient la Terre et les forces naturelles. Soumis à des phénomènes naturels incompréhensibles, comme les séismes, les inondations et les sécheresses, nos ancêtres craignaient et respectaient la Terre, dans l'espoir de survivre.

DIVINITÉS MULTIPLES

La religion évolua avec les civilisations. Plusieurs civilisations puissantes, comme l'Égypte, la Grèce et Rome, vénéraient de nombreux dieux. Les chefs se servaient de la crainte qu'inspiraient les dieux pour asseoir leur position et conserver le pouvoir.

LE POUVOIR DES RITES

Les civilisations indiennes d'Amérique du Sud, comme les Mayas et les Incas, pratiquaient des sacrifices rituels dans l'espoir de plaire aux dieux. Les chefs accusaient également les dieux de leurs maux. Ainsi, leurs erreurs ne pouvaient leur être imputées.

UN POUVOIR ORGANISÉ

L'influence des religions organisées franchit les frontières. Certains États adoptèrent une religion et suivirent ses Écritures. Lorsque les chefs d'État se servirent de ces différences religieuses pour envahir d'autres territoires, cela engendra des conflits et des guerres.

la théocratie ?

(dieu) et *kratos* (force, pouvoir), « GOUVERNEMENT DIVIN ».

LE SIÈCLE DES LUMIÈRES

La religion a mené le monde et ses dirigeants pendant des milliers d'années. Les chefs changeaient de religion au gré de leurs désirs : le dirigeant mongol Gengis Khan (1162-1227) essaya plusieurs religions avant de choisir l'islam. Mais au XVIIIe siècle, des philosophes et savants occidentaux comprirent que les bases d'un État devaient reposer sur la raison et la science et non sur la foi et la religion. Cette période fut appelée siècle des LUMIÈRES.

ÉTATS LAÏQUES

Les idées du siècle des Lumières gagnèrent de nombreuses régions du monde et les Constitutions affirmèrent alors que la religion devait être séparée de l'État. Un État qui n'impose aucune religion officielle est dit laïque. Toutefois, cela ne signifie pas que les religions soient interdites : les citoyens peuvent choisir celle en laquelle ils croient et qu'ils souhaitent pratiquer.

Représenter la religion

Certains États associent les valeurs et les Écritures religieuses aux pratiques gouvernementales et à l'établissement des lois. Dans l'État du Vatican, le pape agit comme un chef d'État et revendique la souveraineté au nom du dieu catholique. La République islamique d'Iran propose également de mêler religion et structures gouvernementales modernes. Un conseil de religieux dirigé par le Guide suprême définit la politique du pays tandis que le président élu et un gouvernement gèrent les affaires quotidiennes de l'État.

« La religion ne concerne que l'homme face à son dieu. Les législateurs ne devraient faire aucune loi favorisant une religion ou en interdisant le libre exercice, créant de cette manière une séparation entre la religion et l'État. »

Thomas Jefferson, troisième président des États-Unis d'Amérique

Pape Benoît XVI

Président iranien Mahmoud Ahmadinejad

Guide suprême iranien ayatollah Ali Khamenei

37

Qu'est-ce que

Dictature, du latin *dictare* signifie « CONTRÔLE ABSOLU

Lorsqu'une personne a le contrôle absolu d'un État, on parle de *dictature*. Le dictateur détient TOUS les pouvoirs. Cette forme de gouvernement est aujourd'hui rejetée comme la pire, mais ce ne fut pas toujours le cas.

DE LA ROME ANTIQUE...

L'idée de dictature est née à Rome. En situation d'urgence, le gouvernement pouvait donner les pouvoirs absolus à une personne pendant une courte période pour régler les crises. En 458 av. J.-C., Rome était en guerre et le gouvernement demanda à un fermier du nom de Cincinnatus de devenir son dictateur. Le fermier commanda l'armée et gagna la guerre. Le gouvernement reprit ensuite le pouvoir et Cincinnatus retourna dans sa ferme.

> Bravo, centurions ! Maintenant vous pouvez m'aider à moissonner.

... AUX TEMPS MODERNES

Les dictateurs modernes ne sont plus les chefs nommés temporairement de la Rome antique. Ils s'emparent du pouvoir et s'en servent pour modeler le pays à leur guise. Les dictateurs peuvent devenir des despotes n'ayant aucune considération pour les gens qu'ils gouvernent. Idi Amin Dada fut un despote qui régna sur l'Ouganda de 1971 à 1979.

Idi Amin Dada s'autoproclama « Son Excellence le Président à vie, Maréchal Al Hadji, Docteur Idi Amin Dada, titulaire de la VC, DSO, MC, Seigneur de toutes les Bêtes de la Terre et des Poissons de la Mer et Vainqueur de l'Empire Britannique en Afrique en général et en Ouganda en particulier ».

la dictature ?

(imposer),
PAR UNE PERSONNE ».

Le dictateur bienveillant Giuseppe Garibaldi est salué comme un héros national pour avoir créé l'Italie unifiée au XIXᵉ siècle.

Le dictateur : *despote* ou *tyran* ?

Les mots despote et tyran sont parfois utilisés pour parler des dictateurs. Un **despote** est un autre mot pour qualifier un dictateur : une personne qui s'empare de tous les pouvoirs. Un **tyran** est un dirigeant cruel et oppresseur. Un dictateur n'est pas forcément cruel : certains **dictateurs bienveillants** se sont emparés du pouvoir pour le bien général.

PRENDRE LE POUVOIR

Le dictateur accède souvent au pouvoir par la force ou la ruse, parfois en fomentant un coup d'État – une manœuvre qui vise à destituer le gouvernement. Renverser un gouvernement, même faible, et s'occuper de millions de citoyens est une tâche difficile pour une personne seule. Dans la plupart des dictatures modernes, le dictateur est soutenu par l'armée. Cela permet de repousser les attaques visant le nouveau chef.

Saddam Hussein s'empara du pouvoir en Irak en 1979 à la suite d'un coup d'État.

GARDER LE POUVOIR

Pour un dictateur, tous les moyens de se maintenir au pouvoir sont bons. Il peut interdire les partis politiques qui s'opposent à lui. Les journaux, les stations de radio et de télévision doivent soutenir l'idéologie de l'État s'ils ne veulent pas être fermés. Ils ne doivent pas présenter le dictateur comme une personne mauvaise, âgée ou malade. Les livres et œuvres d'art qui défient la politique gouvernementale sont interdits. Même les organismes publics tels que les écoles sont contrôlés par l'État et font de la propagande pour n'enseigner aux citoyens que ce que le dictateur autorise.

Qu'est-ce que

Démocratie, du grec *demos* (peuple) et « SOUVERAINETÉ DU PEUPLE ».

La démocratie diffère de toutes les autres formes de gouvernement car les citoyens sont libres de **VOTER** pour les idées ou les personnes de *leur choix*.

LIBERTÉ DE VOTE

Le premier système démocratique apparut il y a plus de 2 500 ans, dans la Grèce antique, mais il était différent de ce que nous connaissons aujourd'hui. Au lieu d'un organe gouvernant l'ensemble du pays, chaque ville avait sa propre démocratie. Tout homme libre pouvait se présenter et exposer ses idées à ses concitoyens. Il pouvait également voter. Les femmes, les enfants et les esclaves n'avaient le droit ni de se présenter ni de voter.

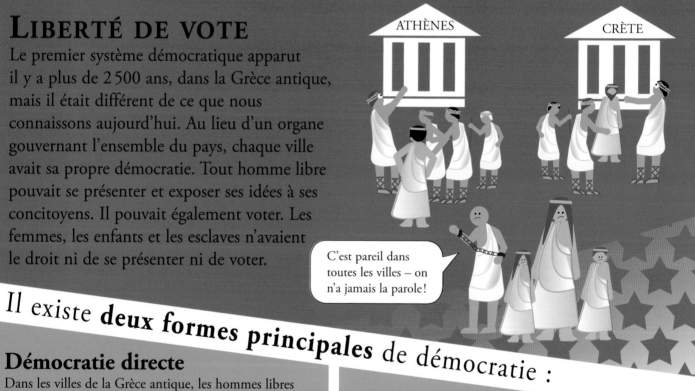

C'est pareil dans toutes les villes – on n'a jamais la parole !

Il existe **deux formes principales** de démocratie :

Démocratie directe

Dans les villes de la Grèce antique, les hommes libres pouvaient défendre leurs idées en public. Tous ceux qui approuvaient votaient ensuite pour ces idées. Ce système existe encore lorsqu'un pays demande à ses citoyens de répondre directement « oui » ou « non » à une question : cela s'appelle un référendum.

Bah ! Tu dis des bêtises.

J'approuve ses idées ! Je vote pour qu'il nous gouverne.

Démocratie représentative

La plupart des pays démocratiques actuels ont une démocratie représentative dans laquelle les électeurs élisent un représentant (membre du parlement, par exemple). Si les citoyens ont le pouvoir d'élire une personne pour gouverner, une fois qu'elle est au pouvoir, ils n'ont plus de contrôle direct sur elle.

Votez pour les idées que je soutiens.

POUVOIR

Maintenant que je suis au pouvoir, je fais ce que je veux.

la démocratie ?

kratos (force, pouvoir), signifie

> « Le gouvernement du peuple, par le peuple, pour le peuple. »
> Abraham Lincoln (1809-1865), 16e président des États-Unis

JE CHOISIS

CANDIDAT 2

IL EST VITAL DE VOTER

Ces deux formes de démocratie nécessitent l'organisation du vote afin que les citoyens puissent choisir. Contrairement aux monarques ou aux dictateurs, les présidents et les représentants doivent être acceptés et soutenus par le peuple. Si le peuple n'aime pas ce que le gouvernement fait, il peut élire d'autres personnes aux élections suivantes.

LA DÉMOCRATIE MODERNE EST-ELLE VRAIMENT DÉMOCRATIQUE ?

La démocratie moderne n'est pas si équitable que cela. Car les décisions politiques n'ont souvent pas le même effet sur les riches que sur les pauvres. En outre, les groupes minoritaires ne sont pas toujours entendus – même s'il existe des lois pour protéger les droits des minorités. Donc, même dans une démocratie, les décisions ne sont pas toujours les meilleures pour tous.

PAUVRES   RICHES

Créons un parti ! Dans une démocratie, les citoyens peuvent voter pour leur candidat préféré, mais il vaut mieux voter pour des idées, qui sont défendues par les partis politiques. Ceux-ci regroupent les personnes aux idées semblables derrière un même programme.

NOUS VOULONS… MOINS D'IMPÔTS

NOUS VOULONS… PLUS D'EMPLOIS

NOUS VOULONS… L'ÉGALITÉ

> « Personne ne prétend que la démocratie est **PARFAITE** et *sage*. Elle est même *LA PIRE* forme de gouvernement, **hormis toutes les autres** qui ont pu être expérimentées dans l'histoire. »
> Sir Winston Churchill (1874-1965), ancien Premier ministre britannique

41

Qui dirige ?

L'*arbre* DE LA

> « *Un gouvernement sain, comme un arbre sain, doit avoir plusieurs branches distinctes.* »

Dans une démocratie, les décisions sont prises par trois pouvoirs principaux. Chacun est responsable d'un aspect de la politique générale. Cela s'appelle la séparation des pouvoirs.

PROPOSITIONS

Le pouvoir EXÉCUTIF fait des propositions pour améliorer la vie des citoyens et fait appliquer les politiques et les lois. Il se compose des principaux membres du gouvernement nommés, y compris le Premier ministre.

> Je pense que nous sommes d'accord sur cette nouvelle loi. Soumettons-là au pouvoir législatif pour qu'il la vote !

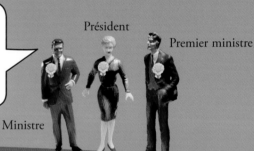

Président

Premier ministre

Ministre

Exécutif

Les présidents américains, comme Barack Obama, sont élus par le peuple et par les grands électeurs.

PREMIER MINISTRE OU PRÉSIDENT ?

Dans une démocratie parlementaire, les projets sont présentés en Conseil des ministres, dirigé par le Premier ministre. Il n'est pas élu par le peuple, mais nommé par le président au sein de la majorité – le parti détenant le plus de sièges au parlement. Dans la plupart des présidences, le peuple élit directement celui qu'il souhaite voir présider. Il vote également pour les hommes politiques représentant leur communauté locale.

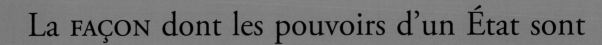

La FAÇON dont les pouvoirs d'un État sont

DÉMOCRATIE

LES LOIS

Le pouvoir **LÉGISLATIF** inclut tous les membres élus du parlement. Ils débattent et votent les lois proposées. Dans certains pays, l'exécutif doit lui rendre des comptes.

Charles Louis de Secondat, baron de Montesquieu (1689-1755)

QUEL TYPE DE DÉMOCRATIE ?

La moitié de la population mondiale vit aujourd'hui dans une démocratie, même s'il en existe plusieurs types.

Tous les parlementaires

Français, écoutez-nous ! Cette loi a été votée par le Sénat et l'Assemblée nationale. Elle est maintenant exécutoire.

Législatif

L'**Argentine** est une république. C'est une démocratie représentative où les électeurs élisent des représentants au gouvernement pour légiférer (voter les lois).

L'**Australie** est une fédération démocratique parlementaire. Le pouvoir y est partagé entre un gouvernement central et des États ou territoires.

Nous pouvons juger des membres de l'exécutif et du législatif, car nous interprétons la loi qui est la même pour tous.

APPLICATION DES LOIS

Le pouvoir **JUDICIAIRE** interprète et fait respecter la loi à travers un ensemble de tribunaux. Il s'assure que les droits de chacun sont garantis. Il inclut des membres élus et d'autres nommés, comme les juges.

L'**Inde** est la plus grande démocratie du monde. C'est une république fédérale : le gouvernement central exerce un pouvoir limité sur les régions.

Judiciaire

Juges   Avocats

Le Premier ministre indien Manmohan Singh et le président Pratibha Patil.

LE PARTAGE DU POUVOIR

Dans certains États, le Premier ministre et le président se partagent les responsabilités. En Inde, le premier ministre Manmohan Singh dirige le gouvernement alors que le président Pratibha Patil dirige l'État.

partagés est définie par la **Constitution**.

Qu'est-ce que

L'*anarchie*, du grec *a* (chef), signifie « absence

Les anarchistes croient en une *société sans État* où chaque individu jouit d'une ***TOTALE LIBERTÉ*** et fait ce qui lui plaît. Le gouvernement doit être aboli et la société se prendra en charge. Il n'y a *aucune règle*, *aucune loi* et *aucune religion*.

LES PRINCIPES DE L'ANARCHIE

L'anarchie se distingue des autres idéologies politiques en ce qu'elle n'a **JAMAIS** réellement *réussi*.

1 Liberté absolue

L'anarchie peut sembler idéale en théorie. Tu peux faire ce que tu veux ! Si tu veux passer tes journées à regarder la télé et manger des glaces, tu peux. Mais si plus personne ne veut réaliser les émissions, fabriquer les glaces et le canapé ?... C'est pourquoi l'anarchie n'a jamais tenu longtemps avant que quelqu'un ne se mette à commander.

2 Je n'en veux pas !

La seule croyance que partagent tous les anarchistes est qu'il ne doit pas y avoir d'État dans la société. Mais ils s'opposent sur toutes les autres idées. Si les règles peuvent être remises en question par chacun, comment fonctionnera l'économie, par exemple ?

3 Pas de gouvernement

Les anarchistes ne prétendent pas seulement qu'une société n'a pas besoin d'État, mais encore qu'un gouvernement n'est légitime que s'il est accepté par tous. Même dans une démocratie, tout le monde n'a pas le droit de vote et il n'est pas garanti qu'une fois au pouvoir, le gouvernement prendra des décisions qui conviennent à tous. En d'autres termes, aucun gouvernement ne sera jamais acceptable.

l'anarchie ?

(sans) et *archos* de chef ».

LES BONS ET LES MÉCHANTS

Les anarchistes prétendent que c'est l'État qui est mauvais. Les hommes étant fondamentalement bons, ils n'ont pas à recevoir d'ordres. Livré à lui-même, chacun fera naturellement ce qui est bon pour la société.

④ Ce qui est à toi est aussi à moi

De nombreux anarchistes croient en la propriété commune, où chacun peut utiliser ce qu'il veut car rien n'appartient à personne. Imagine comme ça serait bien : si tu trouvais quelque chose qui te plaît, tu pourrais le garder ! Mais imagine aussi que quelqu'un puisse prendre ce que tu ne veux pas donner. Tu ne pourrais pas te plaindre !

> Poussez-vous ! C'est aussi notre canapé.

> « La propriété, c'est LE VOL. »
>
> Pierre-Joseph Proudhon (1809-1865), *écrivain, politicien et anarchiste français*

⑤ Absence de loi

Comment être sûr que les gens se comportent correctement, surtout s'il n'y a pas de loi pour les empêcher de voler ou tuer ? Pendant la période d'anarchie qui suivit la Révolution française de 1789, de nombreuses personnes pillèrent les trésors des églises et s'accaparèrent ce qu'elles n'avaient jamais pu avoir auparavant.

VIVA LA REVOLUCIÓN !

L'anarchie peut naître lorsqu'un gouvernement est renversé ou si faible qu'il n'y a plus personne au pouvoir. Ce fut le cas lors de la guerre d'Espagne dans les années 1930. Le fragile gouvernement républicain laissa des communautés locales prendre le pouvoir et organiser la vie quotidienne en dehors de tout contrôle. Des régions entières de l'Espagne furent dirigées par des groupes anarchistes, jusqu'à ce que le général Franco accède au pouvoir en 1936 lors de la guerre civile.

Les organisations anarchistes ont aidé les gens dans leur vie quotidienne pendant la guerre.

⑥ Tous ensemble

L'anarchie peut commencer par la destitution du gouvernement en place, mais il faut s'assurer qu'aucun groupe ou qu'aucune personne ne prendra à nouveau le pouvoir par la force.

> Hé ! Personne ne gouverne, c'est l'anarchie !

GRANDES *idées politiques*

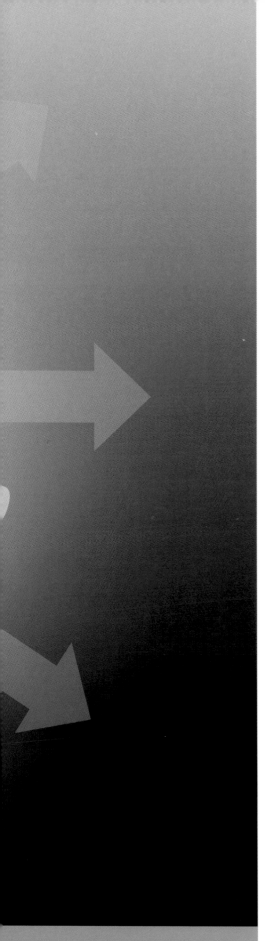

L'important dans un gouvernement n'est pas seulement la manière dont il est structuré. Son idéologie (c'est-à-dire l'ensemble de ses idées) est tout aussi essentielle.

Le gouvernement doit trouver les moyens de gérer les problèmes quotidiens, l'économie et de communiquer avec les autres États.

La façon de gérer tous ces problèmes dépend de l'idéologie du gouvernement.

Examinons donc ces grandes idées et voyons si l'idéologie idéale existe !

Où se trouve *le gouvernement ?*

LE SIÈGE DU GOUVERNEMENT

Beaucoup de discussions importantes y ont lieu et de grandes décisions y sont prises. C'est là que le chef d'État et les politiciens parlent de politique, c'est-à-dire de toutes les idées et solutions que l'État proposera pour régler les problèmes.

Des problèmes ? Quels problèmes ?

L'État et les citoyens ont de nombreux problèmes qu'il faut régler. Cela va du chômage aux impôts, en passant par la santé.

De nombreux groupes politiques ont des idées différentes pour gouverner. Nous les aborderons dans ce chapitre.

Quelle est la meilleure solution ?

Le Parlement
Londres, Angleterre

Reconstruit en 1834 après le grand incendie de Londres, il est également appelé palais de Westminster.

Le Beehive
Wellington, Nouvelle-Zélande

Le Beehive abrite l'exécutif du gouvernement de Nouvelle-Zélande. Il compte dix étages.

La Maison Blanche
Washington DC, États-Unis

Construite entre 1792 et 1800, elle est la résidence et le bureau du président des États-Unis.

Quelle que soit sa structure, qu'il s'agisse d'une démocratie ou d'une dictature, il y a toujours un bâtiment où siège le gouvernement. Mais que se passe-t-il derrière ses *murs ?*

LA CAPITALE DE L'ÉTAT

La plupart des bâtiments du gouvernement se trouvent dans la capitale de l'État. Dans une démocratie, chaque branche du pouvoir possède son propre bâtiment. Le gouvernement se compose également de ministères, tels ceux des Affaires étrangères, de la Défense ou des Finances.

J'entends beaucoup de discussions !

Tous ne sont pas d'accord sur la façon de faire les choses. Ces discussions sont appelées débats : ceux-ci sont importants car ils permettent que tous les points de vue soient examinés avant qu'une décision soit prise.

Le dirigeant et les politiciens mettent au point les idées qui deviendront des lois. Certains gouvernements ont des employés qui aident à faire fonctionner le service. Ce sont des fonctionnaires.

Qui peut entrer dans ce bâtiment ?

Le Kremlin
Moscou, Russie

Situé entre la place Rouge et la Moskova, le Kremlin est la résidence officielle du président russe.

Rashtrapati Bhavan
New Delhi, Inde

Construit avec 700 millions de briques, le bâtiment devint le palais présidentiel lorsque l'Inde obtint l'indépendance.

Cheong Wa Dae
Séoul, République de Corée

C'est la résidence officielle du président coréen. Son nom, qui signifie «la Maison Bleue», vient de son toit en tuiles bleues.

L'ÉTAT,

La **première mission** du *gouvernement*

LE GOUVERNEMENT est autorisé à diriger l'État.
Mais l'État ne peut pas fonctionner qu'avec
le gouvernement, il a besoin des *citoyens*
et de ce que l'on appelle la SOCIÉTÉ CIVILE.

> *La société civile inclut toutes les entreprises,*
> *les industries et les associations du pays.*
> Elle doit respecter les lois fixées par
> le gouvernement mais n'est pas sous
> son contrôle. Elle crée des emplois pour
> le citoyen. C'est là que les partenaires sociaux
> se rencontrent. Les institutions charitables
> en font également partie.

GEORG WILHELM FRIEDRICH
HEGEL (1770-1831)
Pour Hegel, tout ce qui est entre
le gouvernement et le citoyen
appartient à la société civile.
Celle-ci ne se confond pas avec
le gouvernement : elle doit rester
un espace de besoins
et de désirs où la
liberté et l'autorité
interagissent.

G. W. F. Hegel
Philosophe allemand

GOUVERNEMENT

Politicien

● **Règlementation**
● **Progrès**

● **Impôts**
● **Lois**
● **Services**

Magasin

● **Médias**
● **Sociétés**
● **Emplois**

Homme d'affaires
SOCIÉTÉ CIVILE

Usine

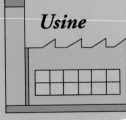

Ferme

Chaque zone et ses composantes ont des

est de s'assurer que l'*État fonctionne.*

Pourquoi ce CHEVAUCHEMENT?

Cette zone inclut les bâtiments du gouvernement et les politiciens qui y travaillent. On y crée les lois, collecte les impôts et réglemente la société civile. On y définit également les droits des citoyens à qui on apporte une aide sociale.

- ● **Droits**
- ● **Aide sociale**
- ● **Devoirs**

Les trois zones dépendent les unes des autres pour les impôts, les services et les lois. Sans cette coopération, l'État risquerait de s'effondrer.

La zone du citoyen se compose du foyer et de la famille. Les citoyens payent des impôts au gouvernement qui, en échange, leur fournit des services. Ils ont des droits mais aussi des devoirs envers l'État et sont sollicités en temps de crise.

Foyer

CITOYEN

AUTORITARISME

Ce mot signifie «abus d'autorité». Dans une société AUTORITAIRE, le gouvernement exerce un contrôle extrême sur la société civile et impose aux citoyens ce qu'ils doivent faire chez eux.

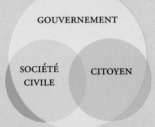

GOUVERNEMENT

SOCIÉTÉ CIVILE   CITOYEN

Le général **PINOCHET** prit le pouvoir au Chili en 1974, créant un État autoritaire. Il élimina les opposants, mais fut renversé en 1990.

LIBERTARIANISME

Ce mot signifie «liberté absolue». Dans une société LIBERTARIENNE, le citoyen est doté d'une liberté très grande et le gouvernement n'a qu'une autorité restreinte.

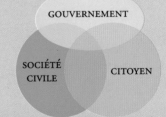

GOUVERNEMENT

SOCIÉTÉ CIVILE   CITOYEN

La **SUISSE** est considérée comme un État libre et neutre. La forme de son gouvernement autorise de nombreuses libertés civiles.

problèmes que le gouvernement doit résoudre.

Les grands *courants politiques*

dans le monde vont de l'extrême gauche à l'extrême droite. La grande majorité accepte le principe *démocratique*.

À L'ASSEMBLÉE

Les valeurs politiques de l'extrême gauche à l'extrême droite parlementaire sont réparties de la gauche vers la droite. Les groupes politiques placés côte à côte ont des idées proches. Un groupe situé à l'opposé aura des idées opposées.

LIBERTÉ
L'État doit laisser plus de liberté au citoyen.

ÉGALITÉ
Tous les citoyens ont les mêmes droits.

PROGRÈS
L'État doit changer et évoluer.

SOLIDARITÉ
La coopération est la clé du succès de l'État.

Les grands

CENTRE

SOCIALISME
La gauche socialiste croit en une société libre et solidaire pour faire progresser l'État.

Démocratique

Autocratique

EXTRÊME GAUCHE

Selon le communisme, tous les citoyens doivent être égaux, quelle que soit leur place dans la société. Chacun doit aider l'État et participer de manière égale, ce qui nécessite une autorité forte et un contrôle strict.

Fidel Castro prit le pouvoir à Cuba en 1959 et forma un État communiste.

*Dans chaque pays du monde, la plupart de ces **courants** s'incarnent dans des* PARTIS *nationaux.*

COURANTS

Tout a commencé avec la RÉVOLUTION

Au début de la Révolution française, lors des premières réunions de l'assemblée Constituante en 1789, les défenseurs du roi se regroupèrent à droite du président de l'assemblée, tandis que les opposants siégeaient à sa gauche.

Votre place en face de moi définit vos valeurs.

LIBÉRALISME

Pour les libéraux, chaque individu a le droit de poursuivre ses propres objectifs. Le libéralisme constitue la base de la démocratie moderne.

LIBÉRAL

CONSERVATISME

La droite conservatrice croit en la tradition et la hiérarchie, clés pour une bonne gestion de l'État.

AUTORITÉ
L'État doit exercer plus de contrôle sur le citoyen.

HIÉRARCHIE
À chacun sa place : en haut ou en bas.

Démocratique

- - - - - - - - - -

Autocratique

TRADITION
La société repose sur des valeurs anciennes.

EXTRÊME DROITE

DEVOIR
Chacun a le devoir d'aider l'État.

VISION ORIENTALE

En Asie, il n'y a pas d'éventail d'idées politiques. Celles-ci reposent toutes sur des valeurs familiales fortes, comme la sagesse, l'expérience et la tradition, des idées rigoureuses et positives qui visent l'harmonie sociale et soulignent la responsabilité individuelle.

Le fascisme croit en une communauté nationale. Ses valeurs sont le devoir, l'honneur et la guerre. L'État exerce un contrôle total et les citoyens obéissent à un chef suprême. La lutte et la compétition sont l'ordre naturel.

Mussolini dirigea l'Italie fasciste jusqu'en 1943.

S.E. BENITO MUSSOLINI

53

À GAUCHE DANS LE MONDE

Il existe de nombreux partis socialistes et sociaux-démocrates dans le monde. En voici quelques exemples.

 ROYAUME-UNI
Parti travailliste

 ÉTATS-UNIS
Parti démocrate

 CANADA
Nouveau Parti démocratique

 MEXIQUE
Parti de la révolution démocratique

 ARGENTINE
Parti justicialiste

 FRANCE
Parti socialiste

 JAPON
Parti démocrate du Japon

 INDE
Parti du Congrès

 RUSSIE
Russie juste

 AUSTRALIE
Parti travailliste australien

 CHINE
Ligue démocratique de Chine

 ALLEMAGNE
Parti social-démocrate d'Allemagne

 AFRIQUE DU SUD
Congrès national africain

GAUCHE *OU*

Les deux courants politiques qui dominent les gouvernements dans le monde sont le **SOCIALISME** et le **CONSERVATISME**.

SOCIALISME

Pour les SOCIALISTES, nous sommes des **créatures sociales** et devrions faire partie d'une *communauté égalitaire*. Une société socialiste repose sur la *coopération* plutôt que sur la *compétition*.

 LIBERTÉ – Les socialistes aspirent à une liberté sociale donnant les mêmes opportunités à tous. Ils pensent que les ressources de l'État devraient être équitablement partagées entre les citoyens.

 ÉGALITÉ – Justice et équité sont à la base du socialisme. Pour les socialistes, la société devrait donner à chacun les mêmes chances de réussite et d'évolution. L'État doit intervenir pour favoriser cette égalité des chances.

 ÉCONOMIE – Pour les socialistes, l'État doit posséder les industries et entreprises clés et en tirer profit. Les sociaux-démocrates croient dans le capitalisme, mais uniquement s'il profite à tous, pas uniquement aux riches.

 SOCIÉTÉ – Les socialistes croient en l'esprit de communauté. Ils veulent que tous travaillent dans un but commun et pour une société meilleure. Ils prônent la coopération plutôt que la compétition.

***SOCIALISME*, du latin *sociare*,** signifie «PARTAGER» *ou* «COMBINER».

L'ÉGALITARISME est la croyance selon laquelle **l'égalité** doit être au centre de la *politique* et de la *société.*

DROITE ?

Leurs conceptions du rôle du gouvernement dans la société diffèrent. Voici, schématiquement, les grands principes qui les opposent.

CONSERVATISME

Les CONSERVATEURS cherchent à **maintenir** ce qui est en place et *éviter le changement* et la réforme. **Tradition** et **hiérarchie** sont les éléments clés du conservatisme, ainsi que la *propriété privée* et le sens du *devoir*.

AUTORITÉ– Les conservateurs croient en l'autorité, l'ordre et la tradition. Ils pensent que l'autorité et le contrôle du gouvernement sont importants pour un État et une communauté stables.

HIÉRARCHIE– Pour les conservateurs, il existe une hiérarchie naturelle dans la société et des citoyens mieux nantis que d'autres. Ils pensent qu'il revient à l'individu d'améliorer sa condition.

ÉCONOMIE– Les conservateurs croient dans la propriété privée de toutes les entreprises et industries, dans le capitalisme et dans le fait que chacun a le droit de tirer librement profit d'une économie de marché.

SOCIÉTÉ– Tradition, ordre et devoir sont au cœur de la société conservatrice. Les conservateurs cherchent à maintenir ce qui est établi, car les citoyens, d'après eux, recherchent la sécurité dans les valeurs traditionnelles.

CONSERVATISME, du verbe « conserver », signifie « MAINTENIR EN L'ÉTAT ».

Le **NATIONALISME** est la croyance selon laquelle **patrimoine** et traditions doivent être l'*intérêt central du gouvernement*.

À DROITE DANS LE MONDE

Il existe de nombreux partis conservateurs dans le monde. En voici quelques exemples.

ROYAUME-UNI
Parti conservateur

ÉTATS-UNIS
Parti républicain

CANADA
Parti conservateur du Canada

MEXIQUE
Parti action nationale

ARGENTINE
Proposition républicaine

FRANCE
Union pour un mouvement populaire

JAPON
Parti libéral démocrate

INDE
Parti Bharatiya Janata

RUSSIE
Russie unie

AUSTRALIE
Parti libéral australien

CHINE
Comité révolutionnaire du Kuomintang

ALLEMAGNE
Union démocrate-chrétienne d'Allemagne

AFRIQUE DU SUD
Alliance démocratique

Acheter ? VENDRE... INVESTIR !

Le gouvernement doit s'assurer que ses citoyens ont de quoi se nourrir, s'habiller et se loger. Mais c'est un travail énorme. Alors, au lieu de donner aux citoyens ce dont ils ont besoin, le gouvernement peut choisir d'être capitaliste. La responsabilité repose alors sur les citoyens, qui doivent gagner de l'argent pour se nourrir et s'abriter.

LE BUT DU JEU

L'objectif du capitalisme est que chacun gagne son argent. Pour cela, il faut être salarié dans une société ou constituer sa propre entreprise. L'État te permet de faire ce que tu veux avec ton argent. Mais attention, si tu perds tout, ne compte pas sur le gouvernement pour t'aider !

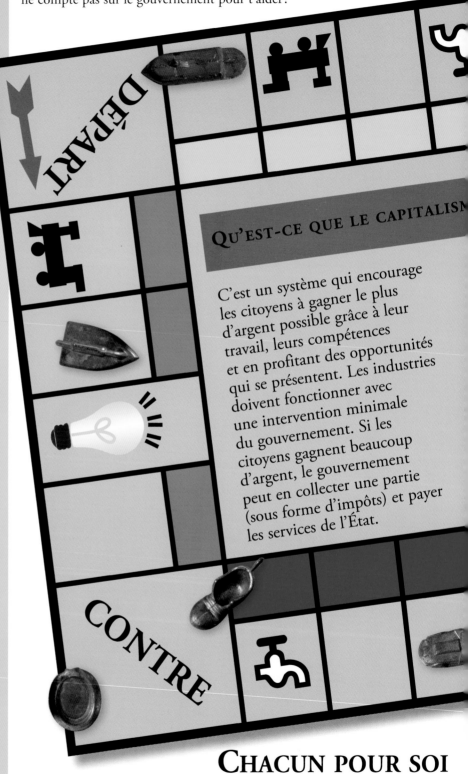

QU'EST-CE QUE LE CAPITALISME

C'est un système qui encourage les citoyens à gagner le plus d'argent possible grâce à leur travail, leurs compétences et en profitant des opportunités qui se présentent. Les industries doivent fonctionner avec une intervention minimale du gouvernement. Si les citoyens gagnent beaucoup d'argent, le gouvernement peut en collecter une partie (sous forme d'impôts) et payer les services de l'État.

CHACUN POUR SOI

Le capitalisme comporte des inconvénients. D'abord, tu n'es pas le seul à vouloir gagner de l'argent. En outre, si tu commences avec beaucoup d'argent, tu as plus de chance d'en gagner davantage – mais il n'y a aucune garantie, l'argent peut se perdre autant que se gagner.

L'ARGENT DE L'ÉTAT

Le capitalisme offre à l'État la possibilité de profiter financièrement de la réussite de ses citoyens. Il peut taxer les citoyens, les entreprises et leurs bénéfices. Ces taxes sont appelées impôts. Elles vont ensuite dans les caisses du gouvernement pour financer les services tels que la défense, la santé et l'éducation.

LA PROPRIÉTÉ PRIVÉE

Le **capitalisme** donne à chacun le droit de posséder des terres, des maisons, des magasins ou des usines. Le citoyen peut ensuite utiliser et développer son bien pour gagner de l'argent. La propriété privée signifie aussi que la prospérité des citoyens est liée à celle du pays et à la bonne gestion de l'État.

L'ÉCONOMIE DE MARCHÉ

Cela signifie que les citoyens sont libres d'investir, d'économiser et d'utiliser leur argent comme ils veulent. L'économie de marché est née des valeurs du « laissez-faire » du xixe siècle en France où l'intervention du gouvernement se limitait à faire appliquer la loi et régner l'ordre. L'économie de marché est ouverte à quiconque veut réaliser le rêve capitaliste, même s'il est nettement plus facile de réussir si tu as déjà de l'argent ! Le capitalisme peut créer un fossé entre les groupes de citoyens, notamment entre les riches et les pauvres.

RÉGLEMENTATION

Dans une économie de marché, le gouvernement laisse les citoyens gagner de l'argent, mais il doit aussi les protéger. Il crée donc des réglementations. Elles interdisent le commerce de certains biens (enfants et espèces menacées entres autres) et garantissent que les marchandises respectent certaines normes. Aujourd'hui fréquentes, les réglementations sont apparues au xixe siècle pour protéger les citoyens, améliorer les conditions de travail et protéger les ouvriers contre l'exploitation.

CAPITALISME ET POLITIQUE

SOCIALISME – Les gouvernements socialistes veulent plus de réglementation et de contrôle sur l'argent de l'État. Le socialisme vise à redistribuer les richesses en apportant une aide financière aux pauvres et en taxant les riches.

LIBÉRALISME – Pour les libéraux, le gouvernement doit aider les citoyens à s'aider eux-mêmes. Leur vision du capitalisme consiste à réglementer lorsque c'est nécessaire et laisser aux citoyens la liberté de gagner de l'argent.

CONSERVATISME – Le conservatisme défend la propriété privée et soutient le capitalisme et l'économie de marché. Les conservateurs sont favorables à la plus grande liberté économique.

PARTAGER TOUT ÉQUITABLEMENT

À l'EXTRÊME GAUCHE de l'*éventail des idées politiques,* le **COMMUNISME** est un mouvement politique selon lequel toutes les richesses devraient être partagées équitablement entre tous. C'est l'opposé du capitalisme.

« Que les classes dirigeantes tremblent à l'idée d'une révolution communiste ! Les prolétaires n'y ont rien à perdre que leurs chaînes. Ils ont un monde à y gagner. Prolétaires de tous les pays, unissez-vous ! »

Karl Marx (1818-1883) est un philosophe et sociologue allemand qui étudia l'effet du capitalisme sur la société. Il a créé avec Friedrich Engels le marxisme, fondement du communisme moderne.

PATRON CONTRE OUVRIERS

Marx constata un système de classes dans le système capitaliste de son époque. Au sommet de l'arbre des classes, se trouvait le chef d'entreprise, qui s'enrichissait à mesure que l'entreprise faisait des profits. En bas, se trouvaient les ouvriers, qui gagnaient peu malgré un dur labeur. Marx appelait « bourgeoisie » l'élite aisée et « prolétariat » les ouvriers. Le marxisme visait à combler le fossé entre les deux et distribuer plus équitablement la richesse dans la société.

RÉVOLTE !

RÉVOLUTION !

La solution de Marx face au déséquilibre des classes est une révolution en deux étapes. D'abord, le prolétariat se soulève et renverse la bourgeoisie dirigeante. Ce qui sera facile car il y a plus de prolétaires que de bourgeois. Ensuite, après une période de dictature des « nombreux pauvres » sur les « quelques riches », les deux classes deviendront égales. Cela donnera naissance à un État où tout sera distribué équitablement. Si tu as besoin de nourrir ta famille, on te donne assez à manger. Marx était convaincu qu'alors, tout le monde travaillerait dur pour l'État.

LE POUR ET LE CONTRE

Après une période d'expansion, le communisme a peu à peu perdu son influence sur le monde politique à partir de la fin des années 1980. Car il n'a pas fonctionné comme Marx l'avait espéré. Au lieu d'une révolution donnant naissance à un État égalitaire, il installa des régimes autocratiques. Leur rigidité amena des troubles, puis des révolutions, et les États revinrent au capitalisme. Mais le communisme ne fut pas un échec total. Par exemple, l'Union soviétique communiste (la Russie actuelle) contribua au développement des sciences avec l'envoi du premier satellite artificiel, du premier homme et de la première femme dans l'espace.

QU'EST-CE QUE LE COMMUNISME ?

Le **COMMUNISME** est une manière de *gérer l'argent dans la société*. Sa vision est à l'opposé de celle du CAPITALISME. Il défend la DISTRIBUTION équitable de l'argent entre tous, et non la libre recherche du profit par chacun.

MAL

BIEN

Magasins

Fermes

Usines

LIBRE PROPRIÉTÉ

LES MOYENS DE PRODUCTION

Marx considérait qu'il était important pour l'État de posséder tout ce qu'il appelait les MOYENS DE PRODUCTION, incluant les usines, les fermes et les magasins. Ainsi, les profits reviendraient à l'État, et non aux patrons cupides, pour être réinvestis pour l'État et les citoyens. Ce point de vue était opposé à celui du capitalisme, qui encourage la propriété privée et l'enrichissement personnel.

LA RÉVOLUTION RUSSE

In 1917, Vladimir Lénine engagea la révolution sous la bannière du communisme et renversa la monarchie russe. Il était persuadé que le prolétariat seul ne pourrait pas supprimer le capitalisme, et qu'il devait être dirigé par un parti qui agirait au nom de ses intérêts.

Vladimir Lénine (1870-1924)

Voici les INFORMATIONS

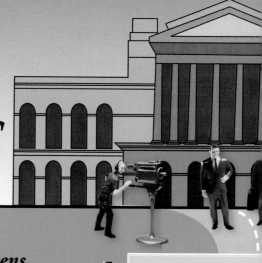

CONTRÔLE

Tous les gouvernements ont des informations auxquelles les citoyens n'ont pas accès. Certaines sont importantes à communiquer, mais d'autres pourraient engendrer troubles et panique. Les gouvernements décident donc des informations qui peuvent franchir les murs du pouvoir.

CENSURE

Un moyen de contrôler le flux d'informations consiste à le censurer. Les citoyens sont alors informés de certains faits, alors que les sujets sensibles sont passés sous silence. Les gouvernements rédigent des communiqués de presse diffusés par les agences de presse.

PROPAGANDE

La propagande est une forme extrême de censure. Au lieu de rapporter la réalité, le pouvoir invente une vérité détournée en exagérant des informations. La propagande fut très utilisée pendant la Seconde Guerre mondiale pour soutenir le moral des citoyens.

Les informations permettent aux *citoyens* de savoir ce qu'il se passe au sein de l'État et dans le monde. Elles offrent au gouvernement un moyen de communiquer avec les habitants.

INFORMATION

DÉPART

TÉLÉVISION

Les programmes d'information traitent de l'actualité. Les chaînes d'information continue peuvent retransmettre des événements en direct. Dans certains pays, le gouvernement contrôle le contenu.

INTERNET

Des forums et des sites Internet donnent aussi des informations. Internet est difficile à contrôler, mais dans certains États, le gouvernement bloque l'accès à certains sites.

LES INFORMATIONS jouent un rôle important en politique. Les médias (journaux, télévision, radio et même films et livres) nous permettent de suivre ce qu'il se passe dans le monde politique. De nos jours, les informations, c'est le pouvoir!

DIVERSION

TOP SECRET

Le gouvernement essaie de garantir la sécurité et le bonheur des citoyens. Pour cela, il faut parfois garder des secrets. Tous les États ont des secrets que les autres États et parfois leurs propres citoyens ne doivent pas connaître. Pourquoi? Un gouvernement a accès à des informations sensibles sur son armée, la richesse de l'État et ses propres faiblesses, qui ne doivent pas tomber dans de mauvaises mains.

OPINION PUBLIQUE

Avec la croissance de la démocratie, l'opinion des citoyens a plus de poids. Sans le soutien de l'opinion publique, un gouvernement devra lutter pour garder le pouvoir. Les politiciens apprécient l'opinion des citoyens grâce aux sondages. Si les résultats du gouvernement sont mauvais, les citoyens peuvent le sanctionner par leur prochain vote.

FUITES!

Il y a parfois des fuites au sein du gouvernement. Des informations qu'il souhaite contrôler sont révélées au public, peut-être parce qu'un politicien imprudent a parlé ou parce que des documents ont été égarés. Le gouvernement doit gérer ces situations et essayer d'en limiter les conséquences. Mais est-ce mieux que le public soit au courant?

JOURNAUX

Ils sont quotidiens ou hebdomadaires et tiennent les citoyens informés de l'actualité. Certains journaux soutiennent un parti ou une personnalité politique.

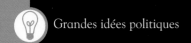
La POLITIQUE *locale*

La politique ne se fait pas uniquement dans les ministères. Ce sont des questions locales qui, ajoutées les unes aux autres, deviennent des PROBLÈMES NATIONAUX.

LE PUZZLE DE LA POLITIQUE

Le gouvernement doit garantir le bonheur de ses citoyens en réglant les problèmes quotidiens. Les questions locales entraînent de grandes décisions qui peuvent aider l'État dans son ensemble.

LES PIÈCES DU PUZZLE

Plusieurs questions locales peuvent constituer un problème que le gouvernement doit traiter.

1 **Un supermarché** prend la clientèle des commerces de proximité.

2 **Les pêcheurs** perdent leur travail à cause d'un concurrent plus puissant.

3 **Une ville** a perdu sa principale industrie et les gens s'en vont.

4 **Le chômage** est élevé en milieu rural.

5 **Il y a peu d'emplois** pour les jeunes diplômés locaux.

LA POPULATION **LOCALE**

Les pouvoirs locaux cherchent à aider les habitants de la région et font remonter les informations au niveau national. Les pouvoirs locaux sont élus par les habitants et ont à résoudre les problèmes qui apparaissent dans les villes, les cités et les villages. Ils nomment des dirigeants qui aident à définir et contrôler le programme local.

AUTOUR DE TOI

Regarde autour de ta maison et dans ton quartier. Tu y verras des services gérés par le gouvernement. Ils sont le fruit du travail du gouvernement national, mais ils sont mis en place et assurés par les hommes politiques locaux et les conseils municipaux.

ENLÈVEMENT DES ORDURES

Les conseils municipaux décident des jours d'enlèvement des ordures et de ce qui doit être recyclé.

ALIMENTATION EN EAU

Des entreprises locales exploitent et entretiennent le réseau d'alimentation en eau jusqu'à ta maison.

ENTRETIEN DES RUES

Le conseil municipal finance l'entretien des rues et des routes près de chez toi.

SERVICES DE SECOURS

Les services de police, d'ambulance et d'incendie interviennent dans ta région en cas d'urgence.

VUE D'ENSEMBLE

Des pouvoirs locaux sont autorisés à traiter certains problèmes. Mais quelques questions locales sont portées devant le gouvernement national, qui dispose de plus de moyens pour intervenir. Dans le cas de notre puzzle, il peut décider d'aider les entreprises locales sous forme de subventions ou de dégrèvements fiscaux. Cela permettra de créer des emplois et des entreprises là où c'est nécessaire.

NE TIREZ PAS sur le messager !

Brève histoire de la diplomatie

❶ Au tout début, il y a des milliers d'années, si un étranger pénétrait sur le territoire de quelqu'un d'autre, les populations locales l'attaquaient.

> **Un étranger sur nos terres ! TUEZ-LE !**

MESSAGER

❷ Puis les États voisins réalisèrent que tuer le messager n'était pas la meilleure solution. Ce furent les balbutiements de la diplomatie. Les messagers furent bientôt admis comme la « voix » du dirigeant.

> **NE TIREZ PAS sur le messager !**

> **D'accord !**

❸ Le rôle des messagers prit de l'importance dans les relations internationales et ils devinrent des ambassadeurs. Leur fonction consistait à servir les intérêts de leur pays en territoires étrangers.

> **Ambassadeur, vraiment vous nous gâtez !**

LA DIPLOMATIE MODERNE

Aujourd'hui, la diplomatie est le moyen le plus important de traiter les relations internationales. Les ambassadeurs sont maintenant des diplomates et des institutions les secondent.

Sommets

Des dirigeants et des diplomates se réunissent pour une cause commune : arrêter les guerres ou résoudre des problèmes planétaires, comme l'environnement.

Diplomatie parallèle

Une personne célèbre, comme une star du cinéma, aide à porter les problèmes à la connaissance du public.

L'actrice Angelina Jolie en mission diplomatique

Envoyés spéciaux

Un représentant neutre peut parfois aider des États qui se battent. Les envoyés spéciaux ont contribué à la paix en Irlande du Nord et ont fait avancer le processus de paix au Moyen-Orient.

Dans un monde sans téléphones portables, sans avions et sans Internet, la communication avec les autres États serait très difficile, alors qu'elle est très importante pour empêcher les États de se disputer et de faire la guerre.

Tout a commencé il y a très, très longtemps...

4 Les ambassadeurs étant plus nombreux dans le monde, ils avaient besoin de résidences officielles dans les pays étrangers. C'est ainsi que les ambassades apparurent.

En sécurité comme à la maison...

AMBASSADE

Cardinal de Richelieu (1585-1642)

Ambassades centralisées

L'organisation de la diplomatie fit un immense progrès en France au XVIIe siècle. Le Premier ministre du pays, le cardinal de Richelieu, organisa les ambassades de façon à contrôler les informations qui entraient en France et en sortaient.

5 Les ambassadeurs et les ambassades n'empêchèrent pas les guerres, mais après de nombreux conflits, les États voisins comprirent qu'il valait mieux essayer de s'entendre. La diplomatie devint la première solution pour régler les litiges et donna naissance aux unions et sommets diplomatiques.

Discutons et voyons ce que l'on peut faire!

Nourriture   Médicaments   Vêtements

Concert européen

Lors du congrès de Vienne en 1814, les nations européennes en guerre se réunirent afin de réorganiser l'Europe après la chute de Napoléon Ier. Ce «concert européen», auquel participait aussi la Russie, fut la préfiguration d'une union européenne. Cette entente ne dura malheureusement que 40 ans et de nouvelles guerres éclatèrent.

UNE MAISON LOIN DE CHEZ SOI

En vacances, tu peux perdre ton passeport ou être confronté à des difficultés. L'ambassade de ton pays peut alors t'aider à trouver une solution.

Chance

CETTE CARTE PEUT ÊTRE CONSERVÉE OU VENDUE.

BON POUR SORTIR DE PRISON!

Immunité

Dans la plupart des pays, les diplomates ne sont pas soumis aux lois du pays où ils sont en poste. Cette règle est devenue officielle depuis la convention de Vienne en 1961.

J'espionne avec mes yeux...

De par leur mission, les diplomates en territoire étranger ont accès à des informations et des bâtiments sensibles. Il est arrivé que des diplomates espionnent les secrets de l'État qui les avait accueillis.

Travailler

La politique ne connaît pas de frontières.

Les pays voisins peuvent s'entraider, unir leurs forces ou être en conflit. Les guerres, les catastrophes naturelles et les crises n'épargnent personne. Pour s'aider, les États se sont regroupés en créant les Nations unies.

LES NATIONS UNIES

Date de création
Les 51 pays fondateurs ont créé les Nations unies (ONU) le 24 octobre 1945.

Pourquoi?
La Seconde Guerre mondiale venait de se terminer et l'ONU fut créée pour en éviter une troisième.

Par qui?
La charte initiale fut rédigée par des représentants de la Chine, de l'Union soviétique, du Royaume-Uni et des États-Unis. Le nom Nations unies fut trouvé par le président américain Roosevelt.

Le fonctionnement
Grâce à sa charte unique, l'ONU peut intervenir sur des sujets sociaux, économiques et militaires. Elle crée également un forum où les États membres soulèvent les problèmes et proposent de l'aide et des solutions.

Ci-dessus : logo de l'ONU

Ci-contre : le siège de l'ONU à New York

1 Assemblée générale
Tous les États membres sont représentés par une délégation de cinq personnes siégeant à l'Assemblée générale. C'est le principal organe de l'ONU et c'est là que sont prises les grandes décisions. Pour les votes, chaque État membre dispose d'une voix.

2 Conseil de sécurité
C'est un conseil de 15 membres, dont 5 permanents (États-Unis, Russie, Chine, France et Royaume-Uni). Les 10 autres membres sont choisis par l'Assemblée générale selon un système de rotation. Le conseil jouit de pouvoirs spéciaux et intervient généralement pour des questions majeures affectant la paix. Il cherche le meilleur moyen de résoudre les conflits et peut imposer des sanctions aux États coupables.

NOUS VOTONS ENSEMBLE

Des pays travaillant ensemble

La Suisse a rejoint l'ONU le 10 août 2002.

LÉGENDES : Actuellement, l'ONU compte 192 États membres. Ses buts sont de maintenir la paix et la sécurité dans le monde, d'aider les pays à se développer, de gérer les problèmes économiques et sociaux et de protéger les droits de l'homme.

ensemble

Qu'est-ce qu'une coalition ?

Une coalition est l'union de deux ou plusieurs pays pour un objectif commun. Les partis politiques peuvent former une coalition dans un gouvernement et les États peuvent constituer des unions planétaires.

③ Conseil économique et social

Ce conseil s'occupe des problèmes monétaires, sociaux et environnementaux dans le monde. Il cherche à améliorer le niveau de vie et l'éducation en favorisant le commerce et la coopération économique.

④ Cour internationale de justice

La Cour de justice est le seul organe important de l'ONU qui ne soit pas établi à New York. Elle siège à La Haye (Pays-Bas) et statue sur les conflits internationaux et autres problèmes rapportés par les États membres. La Cour compte 15 juges élus pour neuf ans.

comme des NATIONS UNIES

Le Timor oriental fut le dernier État à y entrer le 27 août 2002.

Les seuls États observateurs non membres sont le Vatican et le Kosovo.

⑤ Secrétariat

Ce sont les employés de l'ONU. Ils sont sous les ordres du secrétaire général, considéré comme un chef d'État. Ils gèrent les aspects quotidiens de chaque département. En 2009, l'ONU comptait 40 000 employés.

Membres fondateurs entrés en 1945	
Membres entrés après 1945	
Non-membre :	

AUTRES COALITIONS

L'Union européenne

L'Europe a souvent essayé de former des coalitions – officielles ou non. En 1951, six pays (France, Belgique, Italie, Luxembourg, Allemagne et Pays-Bas) ont créé la Communauté européenne du charbon et de l'acier. Après plusieurs changements, elle est devenue l'Union européenne en 1993.

ASEAN

L'Association des nations de l'Asie du Sud-Est (ASEAN) est un groupement économique et politique de petits pays de l'Asie du Sud-Est (à l'exclusion de la Chine, du Japon et de l'Inde).

MERCOSUR

En Amérique du Sud, il regroupe l'Argentine, le Brésil, l'Uruguay et le Paraguay. Il encourage le commerce et la croissance économique de la région.

OTAN

L'Organisation du traité de l'Atlantique Nord est une alliance militaire chargée de missions militaires et de maintien de la paix. Elle inclut les États-Unis, l'Europe occidentale et la Turquie.

Toutes les coalitions régionales ci-dessus doivent respecter les principes des Nations unies.

Les logos de quelques coalitions dans le monde.

Quand les ÉTATS *s'affrontent*

Dans un pays, tous ne sont pas d'accord. Cela arrive également dans les relations internationales. Lorsque la diplomatie et la discussion échouent, il existe d'autres moyens de régler un désaccord.

C'EST BIEN DE PARLER !

Depuis la création des Nations unies en 1945, les États se sont mis d'accord pour vivre en paix et résoudre les conflits par la négociation et l'arbitrage. La Cour internationale de justice est toujours prête à proposer des solutions, sous réserve que les pays concernés la laissent faire.

PRINCIPALES MÉTHODES POUR TRAITER AVEC LES FAUTEURS DE TROUBLE

SANCTIONS COMMERCIALES Pour infléchir le comportement d'un État fauteur de trouble, les pays qui commercent avec lui peuvent limiter l'importation et l'exportation de marchandises. Ces sanctions s'appliquent d'abord à la vente d'armes puis touchent d'autres secteurs, comme l'alimentation et le carburant.

ARRÊT DE L'AIDE Un État belliqueux peut voir réduite l'aide dont il a besoin pour fonctionner (technologie, éducation, nourriture ou argent) jusqu'à ce qu'il change de comportement.

EXCLUSION DES AGRESSEURS
Un autre moyen non violent pour éviter un conflit est d'exclure l'État coupable de certaines activités.

BOYCOTT Les autres États peuvent «boycotter» le fauteur de trouble, c'est-à-dire l'exclure de certaines activités. Ils peuvent ne plus acheter ses produits, l'exclure des événements sportifs ou lui interdire de participer aux manifestations culturelles internationales.

COALITIONS INTERNATIONALES L'État coupable peut perdre ses pouvoirs au sein d'une coalition ou d'un groupe international tel que les Nations unies. Il sera ainsi forcé de changer sa politique ou de faire la paix.

MENACES PAR LA FORCE Si tout échoue, le fauteur de trouble peut alors être menacé par la force. C'est l'un des derniers recours en cas de désaccord. Il échoie généralement au Conseil de sécurité des Nations unies, qui vote une résolution autorisant les autres pays à engager une action militaire.

COURSE À L'ARMEMENT Autrefois, l'accumulation d'armes était considérée comme le meilleur moyen de dissuader quiconque d'attaquer. Mais cela n'a conduit qu'à des situations proches de la guerre.

Qu'est-ce qu'une superpuissance ?

LES SUJETS DE DISCORDE

La première cause de désaccord apparaît lorsqu'un État veut repousser ses frontières et agrandir son territoire au détriment d'un autre État. Heureusement, la mer n'appartient à personne, même si les États peuvent contrôler leur littoral jusqu'à 19 km en mer et étendre leur contrôle économique jusqu'à 320 km.

LA GUERRE (À QUOI SERT-ELLE ?)

Les guerres ont ponctué l'histoire, beaucoup ayant été extrêmement destructrices. La plupart des conflits ont été locaux ou régionaux, mais l'humanité a connu deux guerres mondiales ainsi que des conflits internationaux qui ont fait des millions de victimes. C'est pourquoi la guerre doit être le dernier recours en cas de désaccord.

POURQUOI FAIRE LA GUERRE ?

La guerre est la dernière solution pour arrêter un conflit ou éliminer une menace. Aujourd'hui, les Nations unies n'autorisent un pays à faire la guerre que s'il est agressé. Le but est de mettre fin à la course à l'armement, aux rivalités et aux autres formes de confrontation.

Une superpuissance est un État considéré comme très puissant aux yeux des autres. Les États-Unis sont considérés comme la grande superpuissance actuelle et sont très influents dans le monde.

« Mieux vaut *discuter* que se faire la GUERRE. »

Sir Winston Churchill, ancien Premier ministre britannique

La politique *et* **NOUS**

Je ferai la *différence !*

Nous, les citoyens, avons-nous notre mot à dire sur la façon dont les États sont gouvernés? Quel pouvoir avons-nous pour influencer la politique?

Dans de nombreux États, principalement les démocraties, les citoyens ont obtenu des droits et des libertés, comme le droit de vote et la liberté d'expression. Ils peuvent exprimer leurs opinions, choisir leurs représentants et manifester leur mécontentement.

Dans une démocratie, les citoyens ont le pouvoir de faire ou de briser un gouvernement, ce qui oblige les politiciens à écouter « le peuple ».

Il appartient à chacun de nous de décider de ne rien faire ou d'utiliser nos droits pour modeler la politique de nos États.

Qu'est-ce qu'*une* constitution ?

De nombreux pays disposent d'un ensemble de lois écrites (ou non) qui définissent la façon dont l'État doit être gouverné. Cela s'appelle une constitution. Les constitutions répartissent la responsabilité entre les branches du gouvernement afin d'éviter qu'une personne ou un groupe de personnes détienne tous les pouvoirs. Il y a **trois parties principales** dans une constitution.

Nous sommes le cerveau de la politique du gouvernement.

LA CONSTITUTION

DÉFINIT LA STRUCTURE DE L'ÉTAT

L'EXÉCUTIF
Il élabore les politiques du gouvernement et les met en œuvre. Ces politiques sont transmises au pouvoir législatif.

DÉFINIT LE SYSTÈME DE GOUVERNEMENT

UNITAIRE
Le gouvernement central est chargé d'élaborer les politiques pour l'État. Il peut demander aux pouvoirs locaux de les mettre en œuvre.

OU

DÉFINIT LES DROITS DES CITOYENS

DROITS POLITIQUES
Ils varient selon les États : ils comprennent par exemple le droit de vote, la liberté d'expression, le droit à l'éducation.

ET

UTION,

CONSTITUTIONS CÉLÈBRES

 La constitution américaine Elle fut la première écrite à la fin du XVIIIe siècle, après une révolution privant le gouvernement britannique de son autorité et la remplaçant par le Congrès des États-Unis.

 La constitution européenne En 2004, un document engageant tous les membres de l'Union européenne fut rédigé, mais il n'a pas été accepté. Il a été remplacé par le traité de Lisbonne en 2009.

La constitution indienne L'Inde possède la plus longue constitution écrite du monde, avec 444 articles ou sections. Il a fallu presque trois ans de discussion pour élaborer ce document.

Le 17 septembre 1789, la constitution des États-Unis a été signée à Philadelphie par 42 délégués, dont George Washington, qui devint le premier président.

Tout nous semble parfait.

Nous allons maintenant nous assurer que tout le monde respecte les règles.

LE LÉGISLATIF

Il est chargé d'examiner et d'approuver les politiques de l'exécutif avant qu'elles soient mises en œuvre.

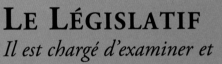

LE JUDICIAIRE

Le pouvoir judiciaire vérifie que les lois de l'État sont respectées.

FÉDÉRATION

L'État est divisé en régions avec deux niveaux de gouvernement : un niveau national élaborant les politiques pour l'État et un niveau régional.

CONFÉDÉRATION

Le pouvoir régional, qui élabore les lois sur les affaires internes, indique au gouvernement de l'État ce qu'il faut faire.

DROITS DE L'HOMME

Ce sont les droits et libertés fondamentaux pour tous les individus. Certains États en reconnaissent plus que d'autres.

Les droits de l'homme incluent ceux qui s'opposent aux actions de l'État, tels que le droit de ne pas être arrêté arbitrairement, le droit à l'égalité devant la loi et le droit à la propriété.

Amnesty International fait campagne pour les droits de l'homme dans le monde. Voici son logo. Il symbolise la lumière de l'espoir.

Droits et *devoirs*

TROUVER UN ÉQUILIBRE ENTRE DROITS ET DEVOIRS

EN CLASSE

T'étonnes-tu qu'aller à l'école soit un droit? L'éducation te donne des compétences pour la vie sans lesquelles il serait impossible de progresser. Elle permet aux enfants d'avoir un métier une fois adulte et de rester en bonne santé. Et pourtant, des millions d'enfants dans le monde sont privés de ce droit.

> Nous avons le DEVOIR de ne pas empêcher les autres d'apprendre.

> Redonne-moi mon livre, s'il te plaît!

> Nous avons DROIT à l'éducation.

Des millions d'enfants n'ont pas accès à l'école et doivent travailler.

DANS LA RUE

Vivre dans un environnement sûr, durable et propre est un droit fondamental, car tout le monde mérite d'être heureux, en bonne santé et en sécurité.

> Nous avons le DROIT de jouir d'un environnement sain.

Protéger notre environnement, recycler et utiliser des ressources durables sont des devoirs pour que notre vie, celle des autres et des générations futures soit meilleure.

Chaque jour, l'eau souille[...] tue 14 000 personnes.

unicef Le *Fonds des Nations unies pour l'enfance* soutient la Convention des droits de l'enfant (1989)

Dans de nombreux pays, les droits politiques et les droits de l'homme sont inscrits dans la constitution de l'État. Le gouvernement doit les respecter. Le nombre et le type de droits varient selon les États. Outre la jouissance de ces droits, être un citoyen implique l'obligation légale et morale d'obéir aux lois et d'agir pour que les autres jouissent également de leurs droits.

DANS LE MONDE

Le droit à l'égalité et à la liberté face à la discrimination constitue les deux principaux articles de la Déclaration universelle des droits de l'homme (1948). Le respect d'autrui et le droit au respect et à la dignité sont la clé de la paix pour l'humanité.

Nous avons le DEVOIR de ne pas jeter les ordures à terre et de respecter l'environnement.

Nous avons le DROIT d'être traités équitablement.

Nous avons le DEVOIR de ne pas blesser les autres et de ne pas les tenir à l'écart.

LES DROITS DE L'HOMME

En 1948, quelques années après la Seconde Guerre mondiale, les Nations unies, organisation internationale des pays du monde, ont adopté la Déclaration universelle des droits de l'homme. Ses 30 articles couvrent les droits et libertés dont chacun doit jouir dans le monde.

DROITS CONTRADICTOIRES

Il peut arriver que deux droits soient contradictoires, par exemple le droit à la vie privé d'une star de cinéma et le droit à la liberté d'expression pour un journal. Ces affaires sont portées devant les tribunaux afin de déterminer le droit qui prévaut.

Pas de photos, s'il vous plaît! C'est une cérémonie privée.

Chaque enfant à le droit d'être éduqué, soigné, nourri, abrité, protégé, de jouer et bien plus encore.

Le droit de *vote*

Dans une démocratie, le droit de vote est le meilleur moyen pour les citoyens d'avoir une influence sur le gouvernement du pays. Les citoyens peuvent s'exprimer lorsque se déroulent les élections prévues par la constitution. Alors, les citoyens autorisés à voter peuvent choisir leur chef politique ou leur représentant au gouvernement.

MENER UNE CAMPAGNE ÉLECTORALE

Pour remporter une élection, les hommes politiques doivent convaincre les électeurs. Chaque parti doit définir son plan d'action en expliquant ce qu'il fera s'il est élu.

Nous promettons de réaliser notre programme!

1 Le programme

Chaque parti prépare une liste d'actions, ou politiques, qu'il promet de mettre en œuvre s'il est élu. Cela s'appelle un programme.

2 Le contact

Les candidats (représentants de chaque parti) vont à la rencontre des gens dans leur région pour expliquer leurs idées et convaincre les électeurs de les choisir.

3 Diffuser le programme

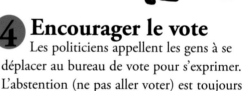

Les partis politiques essaient de convaincre les citoyens en distribuant des tracts, en collant des affiches et en présentant leurs idées et les candidats à la télévision et la radio.

4 Encourager le vote

Les politiciens appellent les gens à se déplacer au bureau de vote pour s'exprimer. L'abstention (ne pas aller voter) est toujours redoutée des candidats.

N'oubliez pas de vous rendre au bureau de vote!

BUREAU DE VOTE

« UN BULLETIN DE VOTE EST PLUS FORT

QUI PEUT VOTER ?

En 1893, la Nouvelle-Zélande fut le premier pays à accorder le droit de vote aux femmes. Depuis, la plupart des pays ont fait de même, souvent après des campagnes menées par des femmes appelées suffragettes.

Les lois sur le vote varient selon les pays. Généralement, l'électeur doit être citoyen du pays et avoir atteint un certain âge – 18 ans dans la plupart des pays. Dans quelques États, certaines catégories ne peuvent pas voter, comme les prisonniers et les femmes. En Belgique, au contraire, la loi prévoit que tout le monde doit voter – ceux qui ne le font pas sont sanctionnés.

VOTE ÉLECTRONIQUE EN INDE

La marque portée sur un bulletin de vote varie selon les pays. Ce peut être une croix ou une empreinte digitale. En Inde, les citoyens votent à l'aide d'un appareil électronique placé dans l'isoloir.

As-tu déjà voté ? Peut-être pour choisir un camarade de classe en tant que représentant des élèves… Comment as-tu fait ton choix ?

DANS L'ISOLOIR

Les électeurs déposent le bulletin de leur candidat dans une urne. Les urnes ne sont ouvertes que lorsque le scrutin (dépôt des bulletins) est clos. Selon le système de vote utilisé et le pays, le bulletin doit parfois porter une marque : une croix, la signature…

SCRUTIN UNINOMINAL

L'électeur choisit le bulletin du candidat de son choix. Celui-ci est élu au premier tour s'il a la majorité absolue ou au second tour s'il a la majorité relative.

AUTRES MODES DE SCRUTIN

Dans certains pays, le mode de scrutin est différent. En Angleterre, il en existe trois types (illustrés ci-contre). Pour le scrutin majoritaire uninominal, l'électeur coche dans une liste le nom du candidat qu'il soutient. Le candidat obtenant le plus de voix est élu. Pour le vote avec supplément, l'électeur exprime deux choix. Si le candidat du premier choix obtient plus de 50 % des voix, il est élu. Sinon, c'est le candidat du second choix ayant le meilleur score. Pour le scrutin préférentiel, l'électeur classe les candidats par ordre de préférence. Le candidat ayant obtenu la majorité des voix est élu.

Nom	
M. Jones	
Mme Singh	
Mlle Patti	✕
M. Rama	
M. Smith	
M. Costa	
Mme Jacobs	
Mlle Smart	

Le bulletin ci-dessus est utilisé pour le scrutin majoritaire uninominal.

Nom	1er	2e
M. Jones		
Mme Singh		
Mlle Patti	✕	
M. Rama		
M. Smith		
M. Costa		✕
Mme Jacobs		
Mlle Smart		

Le bulletin ci-dessus est utilisé pour le scrutin avec supplément.

Nom	Ordre 1 à 8
M. Jones	8
Mme Singh	4
Mlle Patti	1
M. Rama	7
M. Smith	5
M. Costa	2
Mme Jacobs	3
Mlle Smart	6

Le bulletin ci-dessus est utilisé pour le scrutin préférentiel.

Les isoloirs permettent à chaque électeur de voter dans le secret.

QU'UNE BALLE DE FUSIL. » Abraham Lincoln (1809-1865)

Une *question* d'opinion

Comment un citoyen décide-t-il pour qui *voter*? Les citoyens doivent bien connaître les *idées propres* à chaque parti politique pour se faire une *opinion*. Les divergences d'opinion sont utiles en politique, car elles permettent de *débattre* des différents points de vue.

Comment fonctionne un débat...

Une proposition, ou motion, peut faire l'objet d'une discussion.

Bien se préparer est essentiel...

Les participants au débat se renseignent sur le sujet et exposent leurs arguments pour ou contre la motion.

Le débat commence

Chacun avance ses arguments pour convaincre les auditeurs. Les deux camps doivent se respecter.

OR, MES RECHERCHES MONTRENT QUE...

JE PROPOSE QUE...

JE REJETTE VOTRE PROPOSITION PARCE QUE...

Puis les électeurs décident

Les auditeurs peuvent choisir le camp qu'ils soutiennent. Un vote peut être organisé pour déterminer l'idée la plus populaire.

Ceux qui partagent les mêmes peuvent se regrouper

DROIT À LA LIBERTÉ D'EXPRESSION

Pouvoir s'exprimer pour partager ses idées et ses opinions avec autrui fait partie des droits de l'homme. Les débats d'idées et l'expression des différences d'opinion permettent d'adapter les lois.

Le droit à la liberté d'expression permet aux citoyens de protester, comme le font ces enfants aborigènes d'Australie.

Quelle est ton opinion ?

Réfléchis aux arguments pour et contre ces motions :

Motion 1. Le recyclage devrait être une loi.

Motion 2. Posséder des animaux domestiques devrait être interdit.

Motion 3. Tout le monde devrait avoir des papiers d'identité.

Par exemple, tu pourrais être *pour* la motion en disant que…
• les animaux doivent vivre dans la nature.
• ce n'est pas hygiénique car les animaux ont des parasites et des maladies.

Ou *contre* la motion parce que…
• les animaux tiennent compagnie.
• en posséder apprend à être responsable et affectueux.

LA GRANDE QUESTION

Ton opinion sur un sujet peut influencer tes points de vue sur d'autres questions. Par exemple, te soucies-tu de l'environnement et de la survie de la planète ? Si oui, cela affecte-t-il ton point de vue sur les voyages en avion, l'exploitation minière, la déforestation ou le végétarisme ?

Dois-je utiliser des sacs en plastique ?

Que penses-tu de la déforestation ?

Faut-il restreindre les voyages en avion ?

Que penses-tu de l'exploitation minière ?

Le végétarisme est-il une bonne chose ?

LIBERTÉ D'EXPRESSION

LIBERTÉ D'ASSOCIATION

Sous PRESSION

Les citoyens peuvent influencer le gouvernement en soutenant un groupe de pression, c'est-à-dire des personnes rassemblées au sein d'un même groupe pour défendre leurs intérêts auprès des gouvernants.

CHANGEONS! MIEUX! ASSEZ!

FAIRE FORTE IMPRESSION

Voici quelques éléments clés pour se faire entendre :

Être nombreux

Plus le groupe est important, plus les citoyens ont de poids, comme lors des manifestations qui perturbent le pays.

Des manifestants s'opposent au sommet du G20 à Pittsburgh, en Pennsylvanie (États-Unis).

Maîtriser l'information

Avant de prendre ses décisions, le gouvernement se fie aux informations de certains groupes. Ceux-ci privilégient leurs propres intérêts.

Les subventions à l'agriculture se fondent sur les informations relayées par les syndicats agricoles.

Peser sur l'économie

Les syndicats sont des associations qui tentent d'améliorer les conditions de travail. Lorsque les travailleurs sont mécontents, ils peuvent se mettre en grève et arrêter leur travail.

Des grévistes manifestent au Cap, Afrique du Sud.

Exister dans les médias

Les causes relayées par les médias peuvent recevoir un immense soutien de l'électorat.

L'actrice britannique Joanna Lumley soutient la cause des Gurkhas.

Avoir un soutien financier

Les groupes qui récoltent beaucoup d'argent ont accès à la publicité et emploient du personnel à plein temps.

Greenpeace possède un bateau.

Les enfants de nombreux pays ont participé aux événements organisés par l'ONU consacrés à l'Enfant. Certains furent invités à prendre la parole lors de l'assemblée générale de l'ONU, comme ces enfants d'Ouganda.

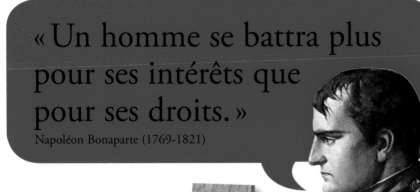

> « Un homme se battra plus pour ses intérêts que pour ses droits. »
>
> Napoléon Bonaparte (1769-1821)

PLUS!

PRENDRE DES DÉCISIONS

Bonnes...

Entre les élections, les groupes de pression sont un moyen d'influencer le gouvernement. Leurs points de vue donnent aussi au gouvernement une vision globale pour décider de sa politique.

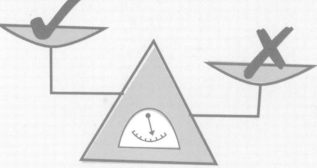

... ou mauvaises ?

Toutefois, si les discussions entre les lobbyistes (membres des groupes de pression) et les membres du gouvernement ont lieu en privé et aboutissent à des décisions prises en secret, elles sont antidémocratiques et peuvent favoriser la corruption. Les groupes de pression riches et importants peuvent aussi être plus influents que les petits dont les intérêts sont souvent différents.

Session extraordinaire de l'ONU

En 2002, l'assemblée générale des Nations unies a appelé les nations à s'engager sur un ensemble d'objectifs visant à améliorer la vie des enfants dans le monde.

COMMENT FAIRE PRESSION

1 **L'oreille d'un politicien**

Un groupe peut rencontrer un ministre ou un représentant du gouvernement et chercher à obtenir son soutien.

2 **Promesses de soutien**

Un groupe peut encourager un membre du gouvernement à représenter ses intérêts en échange de ses voix et du financement de ses campagnes.

3 **Manifestation**

Un groupe fait connaître ses intérêts dans les médias et en manifestant pour obtenir le soutien du public.

4 **Action en justice**

Un groupe porte le sujet devant les tribunaux pour modifier l'interprétation des lois en sa faveur.

5 **Soutien d'une célébrité**

Un groupe obtient l'aide d'une star de cinéma ou d'une célébrité pour soutenir ses idées et être son porte-parole.

L'acteur américain George Clooney lors de la manifestation « Sauver le Darfour » en 2006 à Washington DC, États-Unis.

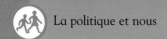

ÉCONOMIE

Le vote d'un citoyen peut être influencé par la façon dont un parti politique entend **gérer l'*économie*** et **utiliser les impôts**. L'économie d'un pays comprend les *échanges d'argent, de biens ou de services* dans ce

Comment fonctionne l'économie :

Les ENTREPRISES fournissent des emplois, des biens et des services. Avec les revenus tirés de leurs ventes, elles paient des impôts au gouvernement.

Entreprises

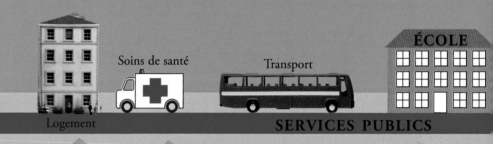

Soins de santé

Transport

ÉCOLE

Logement

SERVICES PUBLICS

IMPÔTS

ACTIONS
● Certificat

ARGENT, INVESTISSEMENT

SALAIRES

TRAVAIL, MAIN-D'ŒUVRE

BIENS ET SERVICES

DHL

Le gouvernement, les entreprises et les citoyens dépendent les uns des autres dans la chaîne de l'économie.

KRACH !

Si un seul maillon de la chaîne se brise, l'économie peut s'effondrer. Par exemple, les entreprises comptent sur les investisseurs pour leur emprunter de l'argent. Si ces derniers arrêtent de prêter, les entreprises ne peuvent plus embaucher, elles produisent et vendent moins et paient donc moins d'impôts au gouvernement. Les gens perdent leur emploi et dépensent moins, les entreprises font faillite et les gouvernements ne peuvent plus offrir de services publics.

Citoyens

MOINS D'ARGENT POUR LES SERVICES PUBLICS

MOINS D'IMPÔTS

SALAIRES INFÉRIEURS

MOINS D'EMPLOIS

MOINS DE BIENS ET DE SERVICES

PAS D'ARGENT

PLUS D'IMPÔTS

MOINS DE SERVICES PUBLICS

MOINS D'EMPLOIS

Avec leurs revenus, les CITOYENS paient des impôts au gouvernement. Avec l'argent qui leur reste, ils paient les services et choisissent les biens qu'ils achètent et les sommes qu'ils investissent dans les entreprises.

et FINANCES

pays et la gestion des ressources. Il y a un *équilibre* à trouver entre les règles économiques définies par le gouvernement et les libertés accordées aux entreprises et aux citoyens pour faire leurs propres *choix financiers*.

Avec ses revenus (l'argent des impôts), le GOUVERNEMENT doit garantir que les gens seront instruits, logés, protégés, soignés et qu'ils pourront travailler, afin que les entreprises fonctionnent normalement.

Gouvernement

Police

IMPÔTS

SERVICES PUBLICS

TRAVAIL, MAIN-D'ŒUVRE

L'IDÉAL DE GANDHI

Pour le guide spirituel et politique indien Mahatma Gandhi (1869-1948), le bien-être de l'individu était plus important que les profits économiques des industriels. Il encouragea des milliers de villageois à gagner leur vie en fabricant leurs propres vêtements et leurs outils de façon à pouvoir travailler pour eux. Ainsi, l'Inde ne dépendrait plus des biens et entreprises étrangers, source de pauvreté et d'oppression.

Ses deux principes économiques :

Principe 1 : Si un pays est très peuplé, il ne faut pas utiliser de machines afin que tout le monde travaille et reçoive un salaire.
Principe 2 : Une nation ne doit produire que ce dont elle a besoin. La surproduction conduit à une course économique internationale qui se traduit par l'exploitation des individus (bas salaires).

PRINCIPES

Liberté ou planification ?

Les économies peuvent être classées en deux catégories : l'**économie de marché** et l'**économie planifiée**. Dans une **économie de marché**, les personnes et les entreprises prennent leurs propres décisions sur la base de l'offre et de la demande, ce qui fait monter et baisser les prix. Le gouvernement fixe uniquement certaines règles. Les consommateurs achètent ce qu'ils veulent quand ils veulent et les entreprises se font concurrence.

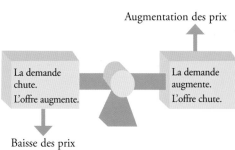

Augmentation des prix

La demande chute. L'offre augmente.

La demande augmente. L'offre chute.

Baisse des prix

Dans une **économie planifiée**, le gouvernement contrôle tous les secteurs de l'économie, fixant les prix et les salaires. Les services sont gratuits et financés par les impôts.

L'inflation

Dans les deux cas, si le gouvernement n'a pas assez d'argent pour couvrir ses coûts, il doit fabriquer plus d'argent, ce qui entraîne une inflation de la monnaie nationale, dont la valeur diminue.

Comment organiser un *coup d'État?*

Un coup d'État est le **renversement brutal** d'un gouvernement. Au lieu d'attendre une *élection* pour remplacer un gouvernement faible, un petit groupe, souvent dirigé par des militaires, prend le pouvoir par la FORCE. Un ***nouveau gouvernement,*** démocratique ou non, peut être formé. Mais la situation peut aussi conduire à une RÉVOLUTION lorsque le système politique est totalement changé.

Le jour du coup d'État...

Le groupe s'empare du siège du gouvernement.

Au même moment...

Le groupe s'empare de tous les médias...

Un peu plus tard...

Le gouvernement ne peut pas résister.

Encore plus tard...

Des mesures d'urgence sont prises pour gouverner.

Le gouvernement est faible…

Voici ce qu'il se passe…

Les citoyens sont mécontents de la gestion de l'État.

Un petit groupe se réunit en secret.

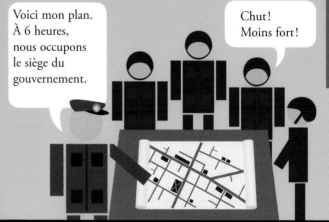

Le groupe prévoit de renverser le gouvernement.

… des transports…   *… du réseau électrique…*   *… et prend le contrôle des finances.*

Un ou deux mois plus tard…

L'ordre est rétabli dans le pays.

Et maintenant ?

Les militaires décident de l'avenir du gouvernement.

Gouvernement du *futur...*

La politique du monde *change* en permanence et doit S'ADAPTER aux progrès technologiques, aux problèmes environnementaux et aux événements qui affectent de nombreux pays. Le *rôle* des gouvernements et l'ENGAGEMENT

FAUT-IL UN GOUVERNEMENT PLANÉTAIRE ?

Aujourd'hui, les gouvernements traitent les problèmes nationaux et quelques organisations internationales, comme les Nations unies et le Fonds monétaire international, traitent les sujets concernant plusieurs nations. Toutefois, les gouvernements dans le monde doivent s'entendre et gérer de plus en plus de questions planétaires.

Le système des Nations unies, créé en 1945, a permis d'encourager la collaboration entre les gouvernements, sans toutefois parvenir à empêcher les guerres et les conflits, et a été incapable d'impliquer tous les pays dans les traités internationaux, comme le protocole de Kyoto sur le changement climatique.

Certains États se considèrent plus puissants que d'autres et le nationalisme – la fierté de la puissance de son propre pays – signifie qu'un gouvernement planétaire unique où tous les États sont égaux et où il n'y a pas de frontières pourrait ne jamais exister.

Comment les représentants d'un gouvernement planétaire seraient-ils élus ?

Les gouvernements sont-ils prêts à abandonner leurs prérogatives nationales ?

Un gouvernement planétaire unique serait-il mieux pour affronter les défis de demain ?

UNE SOLUTION...

Une politique des citoyens ?

À l'ère de la technologie, Internet est devenu un espace où tous les hommes dans le monde peuvent exprimer leurs idées, accéder à l'information et participer à la politique.

Imagine un monde sans nations !

En 1971, John Lennon écrivit une chanson intitulée *Imagine*, dans laquelle il décrivait un monde sans nations, sans causes de conflits et où toutes les ressources seraient partagées. Dans ce monde imaginaire, nous serions des citoyens du monde.

« J'espère qu'un jour vous nous rejoindrez...

ET AU-DELÀ

des citoyens dans la politique font l'objet de **débats** et de *discussions*.
Alors, à quoi ressembleront les gouvernements dans le *FUTUR* ?
L'idée d'un ***gouvernement planétaire*** unique fonctionnera-t-elle ?

IMAGINE UN GOUVERNEMENT UNIVERSEL !

Dans un futur éloigné, nous pourrions découvrir des êtres similaires à l'être humain dans l'Univers. C'est le thème de nombreuses œuvres de science-fiction. Un gouvernement universel serait-il nécessaire pour préserver l'égalité, la paix, la justice et la coopération entre les citoyens de différentes planètes ?

Qui sera le chef absolu ? Qui décidera ?

Les citoyens d'une planète auront-ils les mêmes droits partout ?

La liberté sera-t-elle la même pour toutes les espèces ?

Quelles seront les lois pour les voyages interplanétaires ?

De quel type serait le gouvernement universel : un système unitaire avec un gouvernement central ? Une fédération avec des gouvernements planétaires distincts ? Ou quelque chose de totalement nouveau ?

À TOI DE DÉCIDER !

Quelle constitution universelle, quels droits pour les citoyens de l'Univers, quelle réponse aux problèmes politiques universels ?

Constitution universelle

Qui va gouverner ? Y aura-t-il un pouvoir exécutif, législatif et judiciaire ou un nouveau groupe distribuant les responsabilités et faisant appliquer les lois ?

Droits universels

Les droits et libertés seront-ils accordés à toutes les espèces ? Tous les animaux, même les mouches, auront-ils des droits ? Les citoyens pourront-ils se déplacer librement d'une planète à l'autre ? Auront-ils accès aux mêmes ressources, comme l'eau, partagées entre toutes les planètes ?

Politiques universelles

Chaque planète sera-t-elle responsable de ses propres systèmes de transport, d'éducation et de santé, ou y aura-t-il un gouvernement universel pour que les critères soient partout les mêmes ? Y aura-t-il une monnaie universelle ou une monnaie différente sur chaque planète ?

et que le monde sera uni. » *Imagine*, John Lennon

S'ENGAGER EN POLITIQUE

Réponds à ce *questionnaire* pour savoir comment **t'impliquer** dans la vie politique…

1 QUAND TU RENCONTRES DES GENS :

A tu rencontres tout le monde?

B tu ne vois que ceux qui partagent tes idées?

C tu les interroges?

D tu les encourages et les motives?

2 PARMI TES AMIS, TE CONSIDÈRES-TU COMME :

A celui qui aime s'assurer que tout le monde va bien?

B l'élément moteur qui propose de nouvelles choses à faire?

C celui qui connaît tous les derniers potins?

D l'organisateur qui contrôle et fait des plans?

3 QUAND TU AS UNE IDÉE, ESSAIES-TU :

A de la rendre plus claire?

B de persuader les autres de la suivre?

C de la dire tout de suite?

D de voir comment elle fonctionnerait?

4 QUAND TU VISITES UN ZOO, EST-CE QUE :

A tu essaies de tout connaître sur les espèces en danger et voir comment les protéger?

B tu choisis un animal favori, apprends à le connaître et agis pour lui?

C tu parles à tes amis de ta visite et des animaux que tu as vus?

D tu t'engages dans un programme de soutien et encourages tes amis à le faire?

5 SOUS PRESSION, EST-CE QUE :

A tu restes calme?

B tu deviens émotif?

C tu aimes parler à quelqu'un?

D tu rédiges une liste des choses à faire?

À FAIRE :

RÉSULTATS

Des équipements de jeu pour la récréation!

Majorité de A : *Tu as les qualités pour devenir un homme politique.* Pour être un membre du parlement, il faut être passionné de politique, être capable de travailler sous la pression et aimer communiquer. Entraîne-toi maintenant en rejoignant un groupe de débat dans ton école ou le conseil de classe pour faire entendre tes idées.

Majorité de B : *Tu as les qualités pour faire partie d'un groupe de pression.* Les membres des groupes de pression croient en une cause et veulent influencer les décisions politiques. Si quelque chose te concerne particulièrement, par exemple le respect dans la cour de récréation, pourquoi ne pas constituer ton propre groupe et inviter des camarades à te rejoindre?

Maintenant que tu as découvert le monde *fascinant* de la politique, envisages-tu une **carrière** de journaliste ou d'homme politique ? Commence dès maintenant et laisse-toi porter par ton ambition !

6 **EN RECYCLANT DES DÉCHETS, EST-CE QUE :**

A tu penses à l'environnement et aux moyens de le protéger ?

B tu encourages les autres à recycler le plus possible ?

C tu demandes à tes amis s'ils recyclent aussi et ce qu'ils font pour l'environnement ?

D tu encourages tes amis à recycler, à économiser l'énergie et l'eau ?

7 **EN FAISANT LES COURSES, EST-CE QUE :**

A tu lis les étiquettes des produits pour en connaître la provenance et penses à ceux qui les ont fabriqués ?

B tu montres à tes amis ce que tu as acheté et les invites à faire de même ?

C tu cherches où tes amis font leurs courses pour y aller aussi ?

D tu les encourages à acheter des produits locaux ?

8 **POUR LES SITES DE RÉSEAUX SOCIAUX, EST-CE QUE :**

A tu les utilises principalement pour connaître la vie de tes amis et savoir ce qui les rend heureux ou tristes ?

B tu préfères créer des groupes sur des sujets spécifiques et encourager tes amis à s'y joindre ?

C tu t'inscris sur chaque site et fais des mises à jour régulières et des blogs sur tes idées ?

D tu les utilises pour organiser des événements et inviter le plus de monde possible ?

9 **QUAND TU AS UNE OPINION, EST-CE QUE :**

A tu en discutes avec les autres ?

B tu essaies de convaincre les autres ?

C tu l'écris et la fait lire aux autres ?

D tu trouves des gens qui partagent ton point de vue et les encourages à en parler ?

Majorité de C : *Tu as les qualités pour devenir journaliste politique.* Les médias sont très importants en politique. Le public peut être fortement influencé par ce qu'il lit dans les journaux et ce qu'il voit aux informations. Un journaliste politique suit l'actualité et écrit avec impartialité des articles informant sur les sujets politiques. Commence en écrivant un article dans le journal de ton école.

Majorité de D : *Tu as les qualités pour devenir directeur de campagne.* Être directeur de campagne, ce n'est pas uniquement apporter son soutien à une cause, c'est aussi comprendre la politique pour trouver de nouveaux moyens d'obtenir des fonds et le soutien du public. Tu peux organiser une vente de gâteaux ou lancer ta propre pétition en ligne.

Qui est *qui* ? Certaines des plus grandes personnalités
de la politique n'étaient pas de simples **politiciens**, mais des philosophes, des hommes d'État et des révolutionnaires. Les philosophes *rédigeaient* des théories politiques, les dirigeants mettaient leurs idées *en pratique*.

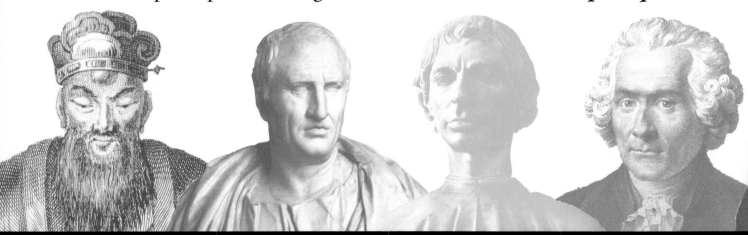

CONFUCIUS 551-479 AV. J.-C.	**CICÉRON** 106-43 AV. J.-C.	**NICOLAS MACHIAVEL** 1469-1527	**JEAN-JACQUES ROUSSEAU** 1712-1778
Confucius est un philosophe chinois dont les idées influencèrent les politiques des pays asiatiques pendant plus de 2 000 ans. Selon lui, les gouvernements devaient proposer une morale à suivre plutôt qu'imposer des lois et punir. Les citoyens essaieraient alors d'être bons et ressentiraient de la honte s'ils ne l'étaient pas. Les dirigeants devaient être d'une moralité exemplaire et gouverner avec le souci et l'amour du peuple.	L'homme d'État romain Cicéron est considéré comme le père du droit moderne. Lorsque la République romaine sombra dans la guerre civile, il tenta de convaincre le sénat divisé de suivre les principes républicains de la démocratie. Ses discours et ses écrits ont influencé les idées politiques et modelé les constitutions en Europe et aux États-Unis. Il est l'écrivain politique le plus souvent cité.	Après avoir été démis de ses fonctions de diplomate par le gouvernement de Florence, en Italie, Machiavel rédigea un guide destiné aux dirigeants, *Le Prince*, dans lequel il soutient que, si les gouvernements doivent agir avec compassion et bonté, ils n'en doivent pas moins agir avec ruse et sans préoccupation morale. Le mot machiavélisme signifie faire preuve de ruse et de mauvaise foi en politique.	Au xviiiᵉ siècle, le philosophe suisse Rousseau s'opposa à l'idée de progrès, qu'il considérait comme source de tristesse pour le peuple. La société et l'éducation devaient permettre aux individus de s'exprimer. Il proposa que les gouvernements accordent liberté, égalité et justice à tous les citoyens. Ces écrits inspirèrent les chefs de la Révolution française et sont à l'origine du socialisme et du communisme modernes.

LE PRINCE

Éducation
Éducation
Éducation

J'ai goûté au **pouvoir** et je ne peux plus m'en passer.

Des actes, pas des mots !

NAPOLÉON BONAPARTE
1769-1821

VICTORIA Ire
1819-1901

EMMELINE PANKHURST
1858-1928

MAHATMA GANDHI
1869-1948

À la faveur d'un coup d'État en 1799, le général français Bonaparte s'empara du pouvoir puis se proclama empereur des Français en 1804 sous le nom de Napoléon Ier. Il réorganisa le pays, créa la Banque de France et fit rédiger un code de lois. Il conquit militairement une grande partie de l'Europe, mais finit par être vaincu en 1814. Prisonnier des Anglais, il fut exilé à l'île d'Elbe puis, en 1815, à Sainte-Hélène, où il mourut en 1821.

Au pouvoir pendant plus de soixante ans, la reine Victoria fut le monarque féminin qui régna le plus longtemps. Au cours de cette période, l'Empire britannique s'agrandit et le pays s'industrialisa, au prix de bouleversements sociaux. Elle restaura l'image de la royauté, appuyée sur une constitution monarchique où la reine, malgré des pouvoirs limités, restait un symbole important pour le pays.

Née dans une famille de politiciens à Manchester, en Angleterre, Emmeline Pankhurst est un personnage clé de la lutte pour l'obtention du droit de vote des femmes au Royaume-Uni. Elle fonda des organisations féministes dont les membres, appelées suffragettes, n'hésitaient pas à utiliser la violence pour se faire entendre, allumant des incendies, brisant des vitrines ou faisant la grève de la faim. Nombre d'entre elles furent emprisonnées.

Le guide politique et spirituel indien Gandhi gagna le respect du peuple et influença fortement la politique de son pays. Il mena des campagnes de protestation pacifique et de désobéissance contre les colons britanniques, milita contre les discriminations dans le système indien des castes et prôna les vertus de l'éducation et du travail dans les communautés rurales. Il fut assassiné peu après que l'Inde eut obtenu son indépendance.

Qui est *qui*?

Le prix de la **grandeur**, c'est la **responsabilité**.

Le peuple, et uniquement le peuple, est la force motrice dans la construction de l'histoire du monde.

WINSTON CHURCHILL 1874-1965

JIANG JIESHI 1887-1975

JAWAHARIAL NEHRU 1889-1964

MAO ZEDONG 1893-1976

Sir Winston Churchill est considéré comme l'un des plus grands Premiers ministres et politiciens de Grande-Bretagne. Il fut deux fois Premier ministre – pendant la Seconde Guerre mondiale et de 1951 à 1955. Sa détermination a encouragé les Britanniques pendant la guerre et il a orchestré la victoire avec les dirigeants des Forces alliées. De très nombreux dirigeants dans le monde assistèrent à ses funérailles.

En 1925, Jiang Jieshi devint chef du parti nationaliste chinois, qui avait renversé la dynastie Qing en 1911, instaurant une république. Grâce à son expérience militaire, il réunifia la Chine et établit un État moderne. Il réforma les banques, créa un réseau de transport et fit appliquer des lois fondées sur les idées morales de Confucius. Il s'enfuit à Taïwan lorsque les communistes prirent le pouvoir en 1949.

En 1947, Nehru devint Premier ministre de l'Inde indépendante après avoir activement participé à la lutte pour l'indépendance du pays contre la domination britannique. Il établit un gouvernement parlementaire qui contrôla la croissance industrielle et rurale, la construction d'écoles, d'universités et étendit les droits et libertés pour tous. Il fut également un artisan de la paix dans le monde.

Chef du Parti communiste chinois, Mao guida une révolution pour renverser le gouvernement en 1949. Après avoir renommé le pays «République populaire de Chine», il entreprit de réformer l'industrie et l'agriculture pour remodeler la société. Des milliers de Chinois périrent et une grande partie du patrimoine culturel fut détruit. L'opposition fut impitoyablement anéantie.

> Je rêve d'une Afrique en paix avec elle-même.

> *Le changement n'arrivera pas si nous l'attendons d'autrui. Nous devons chercher ce changement en nous-mêmes.*

NELSON MANDELA
NÉ EN **1918**

CHE GUEVARA
1928-1967

MIKHAÏL GORBATCHEV
NÉ EN **1931**

BARACK OBAMA
NÉ EN **1961**

Militant du Congrès national africain (ANC), parti politique multiracial, Nelson Mandela chercha à mettre fin à l'apartheid (ségrégation forcée) en Afrique du Sud. En 1963, il fut emprisonné à vie et devint le symbole de la lutte contre la ségrégation. Après une forte pression internationale et intérieure, le gouvernement sud-africain le libéra en 1990. En 1993, il fut élu président d'Afrique du Sud et reçut le prix Nobel de la Paix.

L'Argentin Guevara est devenu une icône révolutionnaire. Lors d'un voyage en Amérique centrale et du Sud, il fut horrifié par la misère qu'il y vit et considéra qu'une révolution armée était la seule solution. En 1955, il rejoignit la guérilla communiste de Fidel Castro qui renversa le dictateur Fulgencio Batista lors de la révolution cubaine. Guevara mourut exécuté par l'armée bolivienne.

En 1985, Gorbatchev devint secrétaire général (chef) du Parti communiste de l'Union soviétique et lança des réformes démocratiques. Dernier président de l'Union des républiques socialistes soviétiques (URSS), ses réformes conduisirent à l'effondrement de l'Union soviétique en 1991. Il mit également fin à la guerre froide (période de rivalité entre les États-Unis et l'URSS) et reçut le prix Nobel de la Paix en 1990.

Le 44e président des États-Unis d'Amérique Obama est le premier Afro-Américain à occuper cette fonction. Investi officiellement en janvier 2009, il a dû affronter la crise financière, la guerre en Irak et en Afghanistan et renouer de meilleures relations avec les gouvernements internationaux. Il a aussi mis en place des réformes sociales et de santé pour les Américains les plus défavorisés.

GLOSSAIRE

Ambassadeur Messager envoyé pour représenter un État auprès d'un autre. Aujourd'hui, les ambassadeurs sont généralement appelés diplomates.

Anarchie «Sans règle». Un État anarchique n'a pas de gouvernement.

Aristocratie Forme de gouvernement signifiant «dirigé par les meilleurs». Dans une monarchie, classe privilégiée.

Autocratie Forme de gouvernement où une personne ou un petit groupe, généralement autoproclamé, a le pouvoir.

Autoritarisme Lorsqu'un gouvernement impose de nombreux contrôles sur tous les secteurs de la société.

Autorité Lorsque quelqu'un dispose de l'autorité, il peut imposer ses règles aux autres.

Bulletin de vote Vote individuel qu'un citoyen utilise pour élire quelqu'un.

Capitalisme Doctrine politique fondée sur un système économique qui encourage à posséder des biens et à s'enrichir.

Citoyen Personne vivant dans un État et possédant les droits civils (pouvoir travailler, aller à l'école, etc.) et politiques (voter et être élu).

Coalition Groupes réunis

Nombre de ces idées ont fait l'objet de débats.

pour travailler ensemble, tels que des partis politiques unis pour diriger le pays.

Communisme L'idée originale du communisme de Karl Marx était à l'opposé du capitalisme – personne n'avait de propriété privée et tous travaillaient selon leurs capacités. Dans les États communistes, les biens et les entreprises appartiennent à l'État.

Confédération Système de gouvernement où différents pouvoirs locaux définissent ensemble les règles du pays, mais restent souverains pour diriger leur région.

Conseil des ministres Ensemble des ministres du gouvernement qui définissent la politique générale.

Conservatisme Un gouvernement conservateur croit aux valeurs traditionnelles et essaie de conserver les choses en l'état.

Constitution Ensemble écrit de règles sur la façon de gouverner un État. Elle définit le rôle du gouvernement, les lois du pays et les droits des citoyens.

Coup d'État Renversement brutal et souvent violent d'un gouvernement, généralement perpétré par l'armée.

Débat Discussion où deux personnes présentent leur point de vue sur une motion (idée ou question débattue) pour inciter d'autres personnes à voter pour ou contre.

Démocratie Signifiant à l'origine «gouvernement des nombreux pauvres», la démocratie représente aujourd'hui un type de gouvernement où le peuple peut donner son opinion sur la façon dont l'État est dirigé, notamment en votant.

Démocratie représentative Lorsqu'une personne vote pour

quelqu'un (homme ou femme politique) qui le représente au gouvernement. Aujourd'hui, la plupart des démocraties sont représentatives.

Dictateur Personne qui prend le contrôle d'un État et le dirige selon ses règles, sans se soucier des citoyens.

Diplomatie Lorsque les États discutent officiellement entre eux, pour régler une crise ou agir ensemble.

Dirigeant Personne qui prend le contrôle d'un groupe, par exemple un parti politique ou un État, et qui donne des ordres.

Droits de l'homme Les droits dont jouissent les personnes, quel que soit le lieu où elles vivent et leur gouvernement. Par exemple, le droit de se nourrir, d'être protégé et de vivre en sécurité.

Économie L'économie est le domaine de la politique qui traite de l'argent. Il peut couvrir des sujets tels que l'emploi, le développement ainsi que l'argent dont l'État dispose pour acheter des biens à d'autres États ou pour financer des services pour ses citoyens.

Élection Vote permettant de choisir qui doit être au pouvoir.

Empire Ensemble de territoires, parfois éloignés les uns des autres, dirigés par un même gouvernement.

État En politique, l'État comprend le territoire et ses habitants, dirigé par un souverain. Il a généralement les mêmes frontières que le pays, mais tous les États ne sont pas des pays. Le Vatican est un État politique à l'intérieur de l'Italie.

Fédération Système de gouvernement où des autorités se regroupent pour définir les règles générales pour le pays, tout en ayant le pouvoir sur leur région. Dans une fédération, la souveraineté est partagée entre le gouvernement national et le gouvernement local. Les États-Unis en sont un exemple typique.

Gouvernement Gouverner, c'est diriger un peuple. Le mot gouvernement fait référence à la direction d'un État ou au groupe de personnes au pouvoir.

Impôt Argent qu'un citoyen verse au gouvernement.

Libéralisme Doctrine politique où les droits individuels prévalent. Pour les libéraux, l'État doit donner aux citoyens les possibilités et la liberté de faire ce qu'ils veulent.

Manifeste Ensemble écrit d'objectifs et d'idées qu'un parti politique affirme vouloir mettre en œuvre s'il arrive au pouvoir.

Monarchie absolue Style de gouvernement où le roi ou la reine détient tout le pouvoir politique.

Monarchie constitutionnelle État ayant un roi ou une reine à sa tête, mais dont le pouvoir politique réel est défini dans une constitution (le monarque ne peut pas imposer subitement de nouvelles règles).

Monarque Un roi ou une reine.

Motion Idée ou question débattue et soumise au vote.

Nations unies Coalition créée après la Seconde Guerre mondiale pour tenter de maintenir la paix dans le monde.

Parlement Dans un gouvernement parlementaire, c'est la partie du gouvernement qui débat des idées pour faire ou changer les lois. Certains pays ont un parlement bicaméral – ce qui signifie qu'il y a deux « chambres » où les lois sont discutées et approuvées, comme le Sénat et l'Assemblée nationale en France.

Parti politique Groupe d'hommes politiques partageant les mêmes valeurs et objectifs et organisés en vue d'accéder au pouvoir.

Politique Du grec *politikos*, qui signifie « affaires de l'État ». Elle décrit l'action de ceux qui font, modifient ou conservent les règles qui nous régissent.

Premier ministre Chef du pouvoir exécutif, nommé par le président de la république.

Président Le chef d'un gouvernement, généralement choisi par un vote public.

Propagande Informations présentant un ensemble d'idées plutôt que les deux aspects d'un argument.

Référendum Forme de démocratie directe où les citoyens peuvent se prononcer directement sur une question ou une idée que leur soumet le gouvernement.

République État où il n'y a pas de monarque. La plupart des républiques ont une forme de gouvernement démocratique.

Révolution Soulèvement du peuple (généralement les classes les plus pauvres) pour renverser les gens au pouvoir. Diffère d'un coup d'État car une révolution implique beaucoup de personnes, alors qu'un coup d'État est dirigé par un petit groupe.

Scrutin Vote ou sondage pour déterminer ce que les gens pensent de quelque chose. Une élection est un type de scrutin permettant de déterminer la personne la plus populaire en comptant qui obtient le plus de voix.

Séparation des pouvoirs Un gouvernement démocratique compte trois branches séparées. Chacune a ses propres responsabilités : trouver des idées, les discuter et en faire des lois, enfin s'assurer que les lois sont appliquées équitablement.

Services Ce que le gouvernement offre à ses citoyens. Ils varient selon les États, mais incluent généralement l'instruction, la santé, la loi et l'ordre (police).

Socialisme Doctrine politique qui encourage l'entraide et la solidarité entre les habitants. Il s'oppose au capitalisme qui favorise l'individualisme et l'esprit de compétition.

Société civile Partie de l'État incluant les entreprises, les industries, les communautés locales et les organisations religieuses – institutions sur lesquelles les citoyens peuvent exercer un certain contrôle sans l'implication du gouvernement.

Souverain Chef d'un État ; personne ou groupe (gouvernement) détenant le pouvoir politique.

Souveraineté C'est disposer d'un pouvoir total. La souveraineté politique donne au souverain le droit de faire les règles et d'exiger que les gens les respectent.

Système de classe Moyen de décrire la place d'une personne dans la société – il y a les classes inférieure, moyenne et supérieure.

Théocratie Forme de gouvernement qui fonde ses lois sur les Écritures religieuses.

Vote Voter, c'est choisir parmi différentes options, par exemple choisir un politicien dans une liste de candidats.

Tout est prétexte à une bonne discussion !

INDEX

Remerciements

Dorling Kindersley remercie Joe Harris, Daniela Cammack et Lisa Magloff pour leur aide éditoriale, Gabriela Rosecka pour son assistance artistique et Karen Van Ross et Myriam Megharbi pour l'iconothèque DK.

L'éditeur remercie les sociétés suivantes de l'avoir autorisé à reproduire leurs photographies :

(h : en haut ; b : en bas ; c : au centre ; g : à gauche ; d : à droite ; x : extrême)

Alamy Images : 57gb ; AKP Photos 30bg (Indiens) ; Bill Bachmann 64bg, 66bg ; Alexandre Cappellari 30bg ; Bernhard Classens/Vario Images GmbH & Co.KG 9bd ; Click_Here 34hg, 35hd ; David Crausby 58cb, 58cdh, 58cd, 59bc, 59cgb, 59bd, 59cgb, 59cdb, 59hg ; David Noble Photography 48cb, 54cg (Argentine), 55cd (Argentine) ; Economic Images 35cdh ; Richard Gleed/Mode Images Limited 1c (mégaphone) ; Hipix 35c, 35cb, 35cg ; Graham Hughes 5bg, 77hc ; D. Hurst 73hg ; Interfoto 1hd (Aristote), 32cgh, 33cdh ; Jason 57c, 57cg, 57cgh, 57cg, 57cgh, 59c, 59cb, 59cg ; Michael Jenner 15bd ; Norma Joseph 83bg ; Lebrecht Music and Arts Photo Library 42hg ; Darren Marshall 22bc ; Mode/Richard Gleed/Mode Images Limited 31bg (rosette) ; North Wind Picture Archives 35bd ; Oasis/Photos12 45cd ; The Print Collector 34cg, 34cd, 35hd, 45bg ; Francesco Ridolfi 8cg ; Jack Sullivan 56c, 56cgb, 56cdb, 56hc, 58cd, 59cd, 59hc, 59hg ; Jeremy Sutton-Hibbert 65bg ; Ivan Vdovin 35cg, 35cgb ; Westermann/Caro 43fcdb, 54cg (Inde), 55cd (Inde). **Corbis :** The Art Archive 8cdh, 18cb ; Artiga Photo 65bc ; Craig Aurness 93bd ; Austrian Archives 5cgb, 65cdh ; Jim Barber 92bd ; Tom Bean 80cd ; Bettmann 1cgh (Henri VIII), 1cdh (Gandhi), 5hg, 8ch, 11hd, 17cg, 18cd, 38bd, 41bd, 59bg, 77hg, 81hc, 83bc, 90cdh, 91bd, 91cgh, 91cdh, 92bg, 92cdh, 92cgh, 93bg, 93cgh, 93cdh ; Stefano Bianchetti 50bg, 90cdh ; Nic Bothma/EPA 80cg ; Burstein Collection 36bg ; Creasource 51bd ; Alfredo Dagli Orti/The Art Archive 90bg ; Gianni Dagli Orti 91cgh ; Araldo De Luca 8cgh, 17cd, 90cdh ; Philip de Bay/Historical Picture Archive 90cgh ; Marco Di Lauro/Pool/EPA 39bc ; George Diebold 8cb ; Jonathan Ernst/Reuters 81bd ; Randy Faris 68c, 68cb ; Fars News Agency/XinHua/Xinhua Press 37bc ; Rick Friedman 77bg ; The Gallery Collection 25bd ; Tim Graham 1cd (mitre) ; Stephen Hird/Reuters 80cg ; Hoberman Collection 8cd ; Hulton-Deutsch Collection 20bg, 20bd, 91cdh, 92cgh ; Image Source 79bg ; Gustav Klucis 60cgb ; Brooks Kraft 93cdh ; Matthias Kulka 31bd (corporatocratie) ; Jacques Langevin/Sygma 80bg ; Greg Marinovich/Sygma 21h ; Matthew McKee/Eye

Ubiquitous 79hg ; J. Howard Miller 60cb ; Moodboard 12bc ; Michael Nicholson 52bg ; Printstock/CSA Images 77bd ; Reuters/Fred Prouser 77bd ; Reuters/Ray Stubblebine 80bd ; Michael Reynolds/EPA 80cgh ; Rykoff Collection 91bg ; Ron Sachs/Pool/CNP 26cdb ; Tobias Schwarz/Reuters 1c (buste) ; Seoul Shinmun/EPA 90bg ; Martin H. Simon 42cgb ; Roman Soumar 1cgh (Mao) ; Stapleton Collection 65cgb ; Swim Ink 53bd ; Toby Melville/Reuters 48bg ; Harish Tyagi/EPA 43bd ; Pierre Vauthey 52-53 ; Paul Velasco/Gallo Images 1cdh (Mandela) ; Ira Wyman/Sygma 13bg. **Dorling Kindersley :** Brand X Pictures/Alamy 64bg ; The British Museum 35cd ; éléments de la Couronne reproduits avec l'autorisation du contrôleur de Sa Majesté et de l'imprimeur de la reine pour l'Écosse 1c (passeport) ; Donks Models 86 ; aimable autorisation de la 5e Compagnie d'infanterie du 28e Régiment "Von Goeben" 67hc (grenade) ; Jon Hughes 8cdh, 14bc ; D. Hurst/Alamy 2cd ; Jamie Marshall 92bg ; Stephen Oliver 1hg (livre), 69hd, 92bd ; Royal Armouries 67hg ; Spink and Son Ltd, Londres 1ch (médailles) ; Ted Taylor, modéliste 2hd, 66hd, 68bg ; Nations unies 66bg. **Dreamstime.com :** James Steidl/Jgroup 1hc (balance). **European Union, 2009 :** 65cdh. **Getty Images :** AFP Photo/Louai Beshara 35bg ; AFP Photo/UNHCR/Boris Heger 64bc ; Altrendo Travel 1hg (Guevara) ; Stephen Alvarez/National Geographic 36cdb ; William Andrew/Photographer's Choice 20cd ; Scott Barbour 1cd (rosette) ; Daniel Berehulak 77cg ; Galerie Bilderwelt 60cgb ; Tom Bonaventure/The Image Bank 70-71 ; Wesley Boxce 51cd ; Bridgeman Art Library 37cgh ; The Bridgeman Art Library/After Titian 24c ; The Bridgeman Art Library/English School 8hg, 19bd ; CSA Plastock 2bg (femme), 2bd (marteau piqueur), 2bg (diplômé), 2hg, 3bc, 3bg, 3bg (diplômé), 3bg (policier), 3bd, 3bg, 3bg (caméraman), 3bd, 3bd (femme), 3hg, 3hd, 5cgh (diplômé), 5cgh (policier), 5cgh (soldat), 5cgh, 5cgh (femme), 28cg, 28cgb, 28cd, 28cdb, 29bd, 29cd, 29cdh (costume marron), 29cdh (costume vert), 29cdb (policier), 29hg, 29hg (costume vert), 29hc, 29hg, 29hg (soldat), 30bc, 30bg (prêtre), 30bg (femme), 30bd, 30bd (femme), 30bd (vieil homme), 31bc, 31bd, 31bd (homme aux lunettes), 31bg (homme au livre), 31bg (homme à l'argent), 31bd, 31bd (militaire), 31bd (femme), 40bd, 40bd, 40hg, 40hg (diplômé), 40hg (femme), 40hc, 40hg, 40hg (homme au livre), 40hg (infirmière), 42cd, 42cd (femme), 42cd, 43cb, 43cgh, 43cgh (diplômé), 43cgh (femme), 43cdb, 43cgh, 43cgh (homme au livre), 43cgh (infirmière), 43cgh (homme de profil), 49ch, 49cgh (costume vert), 49cg, 49cgh, 60cdh, 60cdb, 60cdh, 60cg, 61ch (marteau piqueur), 61cgh, 64hc, 64hg, 65hd, 66hc, 66hg, 67hc (soldat), 68bg (soldat), 69cgh, 69cdh, 75bd, 75bd, 76bg, 76bd, 76cb, 76cd, 76cd (photographe), 76bd, 76cd, 82bg (marteau piqueur), 82bg (infirmière), 82bg (avec ordinateur), 82bd (marteau piqueur), 82bd (infirmière), 82bd (avec ordinateur), 83c (homme d'affaires), 83c (femme) ; DEA/G. Dagli Orti/De Agostini Picture Library 36cgb ; Digital Vision/Roine Magnusson 8c, 15c ; English School/The Bridgeman Art Library 58bg ; Flickr/Dr David J. Otway 1hc (Big Ben) ; Peter Gridley 48bd ; Hulton Archive 35bd ; Image

Source 68-69 ; The Image Bank/Craig Van der Lende 19hd ; The Image Bank/Petrified Collection 8cdb ; David Johnston/Workbook Stock 36cdb ; Atta Kenare/AFP 37bg ; Louis Charles Auguste Couder/The Bridgeman Art Library 53cdh ; Franco Origlia 37bg ; Photographer's Choice RF/Tom Grill 12bd ; Photonica/John Lamb 78bg ; Photonica/Michael Duva 13bd ; Science & Society Picture Library 39cdh ; Stone/Daryl Benson 15cd ; SuperStock 37bd ; Taxi/FPG 8hd, 19bg ; Time & Life Pictures/Thomas D. Mcavoy 20h ; David Toase 49bg ; Travel Ink 1cgh (palais), 49bc ; United Nations/Image Source 20hd ; Brad Wilson 22-23 ; Alex Wong 1ch (Obama), 93cdh. **iStockphoto.com :** Alohaspirit 20cg, 21bc ; Ayzek 54bg (Afrique du Sud), 55fbd (Afrique du Sud) ; Will Evans 17h ; Geopaul 21cd ; Mark Hayes 38hg, 39cd ; Robert Adrian Hillman 6-7 ; Oytun Karadayi 30bc (soldat) ; Oblachko 14-15b, 38-39 (barbelés) ; Andres Peiro Palmer 21bd ; Jon Patton 21bg ; Penfold 32bd, 33bg ; Alexander Rosch 2bd (panneau), 61c, 61ch, 61cg, 61cgh ; Jan Rysavy 24bd ; Maksim Shmeljov 8cd, 16bc, 16fbg, 16fcgb ; Stockcam 18bc ; Tjanze 21cb, 21cg ; YangYin 54cgh (Mexique), 55cdh (Mexique). **Mary Evans Picture Library :** 8hc, 19hg, 34hg, 45c. **NASA :** 12bg, 86bd. **OTAN :** 1c (logo), 65bd. **Photoshot :** UPPA 56bg. **Reuters :** Lee Jae Won 49bd. **TopFoto.co.uk :** The Granger Collection 73hg. **UN/DPI Photo :** 1cdh (logo), 68cdh.

Couverture : 1er plat : **Alamy Images :** 57stock b ; Richard Gleed/Mode Images Limited c (mégaphone) ; Interfoto hd (Aristote). **Corbis :** Bettmann cgh (Henri VIII), cdh (Gandhi) ; Tim Graham cd (mitre) ; Tobias Schwarz/Reuters c (buste) ; Paul Velasco/Gallo Images xcdh (Mandela). **CP Image :** cg (Pierre Elliott Trudeau) ; cd (René Lévesque). **Dorling Kindersley :** Stephen Oliver xhg (livre rouge) ; Spink and Son Ltd, London ch (médaille). **Dreamstime.com :** James Steidl/Jgroup hc (balance). **Getty Images :** Altrendo Travel xhg (Che) ; Scott Barbour xcd (rosette) ; Flickr/Dr David J. Otway hc (Big Ben) ; Mike Marsland/WireImage hd ; Travel Ink hd (palais). **NATO :** c (logo de l'OTAN). **Shutterstock :** (billet de 100 dollars). **UN/DPI Photo :** cdh (logo de l'ONU). Épine : **Corbis :** Paul Velasco/Gallo Images (Mandela) ; **iStockphoto :** (haut-parleurs) ; **UN/DPI Photo :** (logo de l'ONU) ; 4e plat : **Dorling Kindersley :** Stephen Oliver bg. **Dreamstime.com :** James Steidl/Jgroup cg. **iStockphoto :** bg (Parlement canadien)

Toutes les autres photos © Dorling Kindersley.